연기를
배우면 생기는
7가지 선물

연기를 배우면 생기는
7가지 선물

초판발행일 2022년 4월 25일

지은이 이지수
펴낸이 배수현
표지디자인 유재헌
내지디자인 박수정
제 작 왕광열
홍 보 배예영
물 류 이슬기

펴낸곳 가나북스 www.gnbooks.co.kr
출판등록 제393-2009-000012호
전 화 031) 959-8833(代)
팩 스 031) 959-8834

ISBN 979-11-6446-055-7(03190)

연기를 배우면 생기는 7가지 선물

이지수

인생은
한 편의 연극이다

"온 세상은 무대이고 모든 여자와 남자는 배우일 뿐이다."

위대한 작가 셰익스피어의 희곡 '뜻대로 하세요'에 나오는 말이다. 당신은 어떤가? 당신은 어떤 인생을 살아가고 있는가? 그의 말대로라면 세상이라는 무대에서 당신은 하나의 배우이다. 인생은 한 편의 연극이다.

독자들의 생활공간이 모두 연극무대 혹은 촬영장의 카메라 앞이라고 생각해보라. 설레는 기분, 살짝 긴장과 부담이 밀려올 것이다. 정신을 차리고 싶으며 거울을 보고 싶을 테다. 행동 하나하나에 신경이 쓰이고 보고 있을 시선에 얼굴이 화끈거릴 것이다.

인생이라는 연극에서, 당신은 쥐구멍에 숨을 것인가? 부리나케 퇴장해 버릴 것인가? 그대로 얼어버릴 것인가? 아니면 중앙으로 걸어 들어가 맞설 것인가? 아마도 단언컨대, 눈앞에 있는 당신 상대역의 눈을 보고 심리적으로 기댈 것이다. 다행히 이곳에 같은 입장의 동료가 있다는 사실이 위안이 될 것이다. 그의 떨림을 느끼는 순간 둘 사이에 끈이 생기며, 준비된 말이 무의식적으로 흘러나온다. 그렇게 연기는 시작한다.

필자는 MBC 공채 탤런트다. 갓 스물에 배우 생활을 시작했다. 카메라 앞에 세트장에 그리고 연극무대에 선지 20년이 되었다. 나의 연기공간은 반반이다. 무대 위와 인생 무대 위다. 난 인생 무대에서 활약하고 싶을 때마다 '이곳이 무대 위다.'라고 주문을 건다. 에너지가 즉시 달라진다. 머리 위로 조명이 떨어지고 눈빛이 빤짝이며 목소리에 힘이 실린다. 그리고 즐거워진다. 행복해진다. 세상을 다 가진 기분이다. 당신이 주인공이다.

당신은 어떤가? 당신은 한 번이라도 연기다운 연기를 해 본 적이 있는가? 인생이라는 무대에서 주인공 역할을 보란 듯이 해 본 적이 있는가? 이 책은 당신에게 그 기회를 주기 위해 만들어졌다. 당신에게 연기라는 마법과 희열을 선사하고자 한다. 필자는 일반인을 위한 연기수업을 하고 있다. 연기는 배우들만 하는 것이 아니냐고 반문할지도 모른다.

왜 일반인이 연기를 배워야 할까? 연기를 배우는 인생과 배우지 않은 인생은 어떤 차이가 있을까? 당신이 연기를 배우면 이전과 전혀 다른 인생을 경험하게 되고, 인생 최고의 실험을 하게 된다. 연기는 마약보다 더 세고, 당신이 모든 것을 가능하게 해 줄 것이다. 이것이 연기의 마법이다.

일반인인 당신이 연기를 배워야 하는 이유는 너무나 많다. 삶의 퀄리티가 높아지고, 인생이라는 무대가 넓어지고, 타인과 세상의 연결고리가 하나 더 생기게 된다. 배우를 위한 연기 교본은 많다. 하지만 이 책처럼 일반인을 위한 연기 안내서, 연기수업 책은 찾아보기 힘들다.

이 책은 일반인의 눈높이에 맞는 연기수업 책이다. 일반인이 연기를 배우면 얻을 수 있는 7가지 선물과 누구나 쉽게 따라 하는 연기수업 5단계를 이 책을 통해 만날 수 있다. 명심하자. 미래 사회는 연기가 공통 언어가 된다. 당신도 오징어 게임을 연기할 수 있다. 당신이 연기를 시작하는 순간, 당신의 경쟁력은 높아지고, 인생은 달라질 것이다.

필자는 감히 말하고 싶다.

"연기는 일반인이 해야 한다. 연기는 이제 선택이 아닌 필수이다. 앞으로 우리의 삶에서 연기는 골프나 요가처럼 누구나 배우고 즐기고 누리는 취미활동의 1순위가 될 것이다."

이 책은 초대장이다. 연기로의 초대다. 인생이라는 숙제에 연기라는 재미와 활력을 더해보라. 배우가 아닌 일반인이 배우는 연기수업에 당신을 초대한다. 연기를 통해 당신의 세계가 확장되고, 열리는 경험을 할 수 있을 것이다. 삶의 재미와 활력을 상실한 이들이 이 책을 통해 가슴 뛰는 삶을 경험하게 된다면 필자도 행복할 것 같다.

연기를 시작하는 순간, 당신은 한 번도 만나보지 못한 자신을 만나게 될 것이고, 한 번도 나아가지 못한 세상을 누리게 될 것이다. 이 책은 당신을 연기의 세계로 인도할 것이다. 지금부터다.

목차

6

서문 **인생은 한 편의 연극이다**

1장
왜 연기인가?

12

모든 것이 가능하다   14
마약보다 더 중독된다   19
최고의 실험이다   24
다른 인생을 경험한다   29
누구보다 더 솔직해진다   34

2장
연기는
당신 인생이다

38

당신의 인생 그 자체가 작품이다   40
주변 인물이 모두 등장인물이다   45
인생 무대에 주인공은 당신이다   49
연기는 실험을, 생활은 실습이다   53
당신의 세상이 배경이다   57

3장
당신이
연기를
배워야 하는
이유

62

누구나 명배우다   64
매력을 극대화할 수 있다   69
삶의 퀄리티가 높아진다   76
세상의 무대가 넓어진다   83
타인과 연결고리가 생긴다   87

4장 ——— **92**

연기를
배우면 생기는
7가지 선물

첫 번째 선물: 인생을 즐길 수 있다　94
두 번째 선물: 세상을 깊고 넓게 경험할 수 있다　98
세 번째 선물: 자신을 뛰어넘을 수 있다　103
네 번째 선물: 책임감과 승리감이 생긴다　108
다섯 번째 선물: 삶의 수준이 달라진다　112
여섯 번째 선물: 자신만의 삶의 철학이 생긴다　117
일곱 번째 선물: 성공할 수 있다　121

5장 ——— **126**

누구나 쉽게
따라 하는
연기수업 5단계

1단계: 너의 모든 것을 열어라 _ 오픈　128
2단계: 시나리오와 친해져라 _ 시나리오　136
3단계: 등장인물과 연결하라 _ 연결　155
4단계: 자신의 배역을 액션 하라 _ 액션　175
5단계: 실시간 피드백하고 개선하라 _ 피드백　192

6장 ——— **208**

미래 사회는
연기가
공통 언어다

당신도 '오징어게임' 연기할 수 있다　210
연기는 미래사회의 공통 언어다　215
연기력이 결합하면 성공한다　220
미래 사회는 감성 사회다　226
연기력이 곧 경쟁력이다　231

236

부록 **싸움의 정석 후기**

왜 연기인가?

모든 것이 가능하다

연기는 모든 것이 가능하다. 당연하다. 연기는 허구다. 실제로 벌어지고 있는 일은 아니다. 연기가 아무리 리얼해도 사실이라고 생각하지 않는다. 안전하다. 빠져든다. 나온다. 흥미진진하게 모든 것이 가능하다. 연기는 오랫동안 사랑받아 왔다. 예술로서 자리매김도 했다. 모든 것이 가능하기 때문이다.

모든 것이 가능하다고 믿는 때는 어린 시절이다. 어릴 때는 무엇을 보든 신기하고 재미있고 빠져든다. 불가능이 없다. 불가능을 모른다. 불가능을 모르는 게 상상력이다. 아이들을 얕보아서는 안 된다.

아이들이 놀이에 흠뻑 빠져있는 것처럼 연기를 하면 된다.

이게 최고의 연기다. 아이에게 가장 진심인 상태, 주변이 사라지고 놀이에 빠져 변화무쌍한 아이는 충만하다. 행복해 보인다. 넋을 놓고 보게 한다. 부럽다.

　어른인 우리는 불가능부터 생각한다. 가능성을 열면 두렵고 불안해 진다. 고정관념에 사로잡혀 한발자국이 어렵다. 남들 시선이 먼저 들어오고 끊임없이 자기 검열을 한다. 필요성이 있나 없나로 따지고 피하고만 싶다. 가만히 있으면 중간은 간다는 말은 가능성의 문을 닫아버린다.

　그런 어른에게 연기를 하게 하면 바로 아이가 된다. 연기는 모든 것이 가능하고, 허용 된다. 어른도 이런 사실을 알고 있다. 처음엔 쭈뼛쭈뼛할 것이다. 하지만 곧 사회적 신분, 지위, 체면 등을 다 내려놓게 된다.
　사랑 가득한 눈으로 자녀를 보는 마음이 된다. 연기를 하는 서로가 사랑스럽기까지 하다. 같이 들어가 신나게 놀고 나면 어느새 소꿉친구가 되어있다.

　연기를 마치고, 신발을 신으면 다시 어른이 된다. 연기를 하는 이유는 모든 것이 가능한 세계가 우리에게 필요하기 때문이다. 스트레스를 풀기 위해서라면 영화나 TV를 보면 된

왜 연기인가?

다. 연기는 그 이상이다. 스트레스를 받지 않는 사람이 될 수 있다. 모든 것이 가능한 세계, 바로 연기의 세계다.

"안되는데"
"안될 건데" 보다
"되는데"
"될 건데" 하면 된다!

연기는 하는 거다. 연기는 실천이다. 연기는 도전이다. 연기는 모험이다. 연기는 하나의 작은 우주다. 연기는 바로 무한도전이다. 연기는 당신이고, 나다. 연기는 이 세상이다. 연기는 시작과 끝이다. 연기는 사실과 허구다. 연기는 진실보다 더 진실하다. 연기는 거짓보다 더 거짓이다.

2000년, 필자는 50:1의 경쟁률로 단국대 연극영화과에 합격한다. 그 해 300:1의 경쟁률을 뚫고 MBC 공채 탤런트에 선발된다. 촌티도 못 벗은 새내기 대학생이 방송국에 출퇴근한다. 소원이었던 TV에 매일같이 출연한다. 내성적인 성향은 "오디션이 가장 쉽다"라며 콧노랠 부른다. 길거리에서 사람들이 알아보면 부끄러워 도망간다. 방송국에서 2001년 올해의 유망주로 칭했다.

필자가 대운이 들어온 시기라고 했던 때의 일들이다. 그때의 필자를 살펴보면 자세히 알 수 있다. 연기는 진짜냐 가짜냐를 따지지 않기에 누구나 도전할 수 있다.

필자가 고작 6개월 밖에 남지 않은 짧은 실기 준비기간과 저공 비행하는 성적표에 실망하며 입시에 도전하지 않았다면, 필자는 연기와는 상관없는 삶을 살고 있을 것이다.

탤런트는 예쁘고 세련되고 준비되어있어야 한다는 고정관념에 사로잡혀 도전하지 않았다면, 필자는 연극배우로만 살고 있을 것이다.

필자는 무모해 보이는 도전들을 했었다. 가짜 같던 꿈이 진짜가 되는 경험을 했던 것이다.

오디션은 티켓이다. 새로운 세상에 들어가는 티켓을 얻기 위해 수많은 배우들이 오디션 장에 선다. 여기서 '새로운 세상'에 꽂히면 떨리지 않고 재미로 설렌다. 놀이동산에서, 이곳에 들어가 볼까? 저곳에 들어가 볼까? 어떤 곳이 재미있을까? 어떤 경험을 하게 될까? 심장이 뛰고 흥분된 얼굴로 들어서는 곳, 오디션장이다.

티켓에 꽂히면 비굴해진다. 잘 보이고만 싶고 선택받고 싶어 진다. 물론 티켓을 받은 사람만 들어갈 수 있다. 진짜 원하는 것은 티켓 안의 세상이라는 걸 잊지 말아야 한다.

오디션 장은 티켓을 구하러 가는 곳이 아니라 새로운 세상을 맛보기 체험하러 가는 곳이다. 그 세상이 자신과 맞는지 안 맞는지는 감독님보다 더 자신이 잘 알고 있다. 본능적으로 말이다.

연기는 모든 것이 가능하다. 모두에게 공평하다. 옆 사람과 비교 하지 말자.

미치도록 좋아하는 것을 발견하라. 내가 나임을 증명 할 수 있는 것에 미쳐라.

무엇이든 좋다. 선택할 수 있다. 책임지면 된다. 나아가면 된다. 힘들면 쉬면 된다. 늦은 때는 없다. 모두 귀하다. 지금 이 순간이다.

마약보다 더 중독된다

즐겁다: 마음의 거슬림이 없이 흐뭇하고 기쁘다.
(좋다, 쾌하다, 흐뭇하다)

즐기다: 즐겁게 누리거나 맛보다.
무엇을 좋아하여 자주하다.(누리다, 빠지다, 놀다)

즐기다가 연기를 할 때 느끼는 감정 상태다. 언제나 나를 알아가는 과정을 즐길 수 있다. 즐기다 보면 쉽게 몰입상태를 경험한다. 연기는 그 자체로 대중문화예술이다.

누구나 인생을 즐기고 자기를 알아가려는 것은 인간의 본성이다. 자아실현의 원동력인 연기에 빠져라. 티피오(T.P.O)[A] 처럼, 21세기는 역할에 맞는 행동선택이 중요하다. 대전환의 시대라고 말하는 지금, 우린 더 복합적이고 종합적이고 더 적

[A]   시간(time), 장소(place), 상황(occasion) 따라 옷을 적절하게 착용하는 것을 뜻한다.

극적인 아름다운 인간(배우)이어야 한다. 우린 '나'라는 틀에서 벗어나 몇 백가지 역할을 수행중인 '배우'와 다름없다.

재미있는 연기수업이 진행되고 있다. 21세기형 배우는 참 인간, 참배우가 되기 위해 끊임없이 노력한다. 오직 대중의 사랑을 받기 위함이 아니다. 나라는 다양한 역할에 충실한 사람들이 모인다. 그 바탕에 재미난 연기수업이 있다.

배우의 연기수업은 포괄적이다. 연기는 기본이고, 거기에 더해, 보컬, 댄스, 펜싱, 발레, 액션, 요가, 명상, 알렉산더 테크닉, 각종 메소드워크샵, 임프라브(즉흥극), 카메라 액팅, 극작수업, 연출수업, 스피치, 각종 面接테크닉…. 실제로 배우들이 훈련받고, 사이드 잡에서 활동하는 분야다. 이보다 더 다양하다.

위의 수업들 외에 연기에 도움이 되는 수많은 강의가 있다. 인문학, 자기계발, 심리학, 미술, 음악, 종교, 자연과학 등, 이 세상 모든 학문이 연기에 도움이 된다. 그만큼 연기는 삶에 밀착되어 있다.

깨어있는 현대인은 연기에 마약보다 더 중독된다. 당신은 주저하고 있을 뿐이다. 아직은 인식이 그 정도 아니지 않나? 라고 생각할지도 모르겠다.

그래서 K드라마 센터가 탄생했다. 대한민국 최초 연기를 대중에게 직접 서비스한다. 대중이 연기를 직접 즐길 수 있도록 준비된 서포터가 서포트한다. 당신은 연기의 목적을 발견하고 달성하게 된다.

엄마의 손을 잡고 걸음마를 연습하는 아이는 곧 엄마 손을 놓고 걷는다. 서포트는 엄마의 손이다. 걸음마는 연기의 본질이다. 당신은 연기의 본질을 익혀 당신의 삶을 당당히 걸어가게 된다.

K드라마, K영화, K팝 모두 우리나라 대한민국 국민이 만든 명예이다. 국민이 보고, 원하고, 지지하고, 사랑한다. 바로 당신이 만들어낸 명성이다. 이제 K연기를 알릴 차례다. 우리나라 사람들은 연기를 보기만 하지 않고, 연기를 생활한다. 필자는 감히 이렇게 주장한다. 그것이 우리나라 국민성이다.

연기에 빠지는 게 안전할까? 순간에 빠지게 하는 연기를 누리자. 연기는 빠졌다가 나오는 것을 반복하는 행위이다. 우리가 드라마에 빠져서 보지만 그 한 시간이 지나고 바로 빠져나와 기분 좋은 상태를 누리며 생활하는 것과 같다.

배우를 꿈꾸는 것의 핵심은, 배우는 관객에게 연기로 서비스하고 사랑과 이윤을 얻는 직업이다. 좋은 서비스를 제공하고 삶을 영위할 만큼의 재화를 창출한다면 직업 배우를 하면 된다. 그럴 자신이 없다면 취미 연기를 누리며 살면 된다.

필자의 가장 친한 친구의 딸이 배우가 되고 싶다고 연락을 해왔다. 예전 같았으면 장황한 대화가 필요했을 것이다. 필자의 경험으로 배우의 길은 쉽지 않기 때문이다. 그러나 이제 필자는 당당하게 말할 수 있다. 취미 연기를 먼저 해보자. 직업이 될 수 있다고 판단되면 어느 직업이 그렇듯 죽기 살기로 하면 된다. 자신의 인생은 자신의 몫이다.

개개인이 느끼는 연기의 필요성은 연기의 희로애락과 맥락이 닿아있다. 즉 감정에서 자유롭고 싶은 거다. 감정의 밸런스를 자신이 주체적으로 조절하고 싶다. 감정의 노예가 아니라 주인이 되려는 고양된 의식이다.

과거보다 월등한 10대, 20대, 30대, 40대, 50대, 60대, 70

대 한국인이여, 연기라는 마약에 중독되자. 세계를 선도하는 한국인으로서 당신의 길로 나아가는데 연기라는 강력한 무기를 탑재하라. 미래로 뻗어 나가자. 당신이라는 인생 무대에서 뛰어놀자.

연기는 그 준비다. 탄탄한 준비가 되어줄 K연기의 주역이 되자.

최고의 실험이다

TV가 나를 키웠다. 텔레비전은 호기심 천국이었다. 필자가 어렸을 때는 인터넷이 없었다. 필자의 좁은 세상을 넓게 펼쳐 준 무한가능성의 공간은, 바로 텔레비전이었다.

그중에서 드라마를 좋아했는데, 80년대 대학생활을 구경하는 게 좋았다. 열정적이고 모든 것이 아름다워 보였다. 상상의 세계를 넓혀주고 미래의 나를 기대하게 만들어, 오늘 사는 힘을 얻게 했다. 어서 어른이 되고 싶었다.

지금의 텔레비전은 오락적인 요인이 크다. 다양성이 극대화되어 풍요 속의 빈곤일 때가 많다. 텔레비전 기능도 빠르게 변하고 있어 따라가기 벅찰 정도다. 메타의 세상도 예고되고 있다.

필자는 예전의 텔레비전이 좋다. 그만한 간접경험이 어디에도 없을 정도로 영향력이 컸다. 과거의 나에게 텔레비전은 어떤 의미였을까?

'나에게 어떤 의미인가.' 연기에서 가장 중요한 개념이다. 연기가 당신에게 어떤 의미인지 실험해봐야 한다. 실험을 통해 목적이 세워지고 목표가 분명하면 성취가 가능해진다. 우리는 대상물을 통해서 실험이 가능한 고양된 존재다.

텔레비전 영향으로, 필자는 척하는 연기에 빠져있었다. 배우의 인물묘사를 흉내 내고 스타들의 자신감 있는 센스를 따라하곤 했다. 나의 생활은 척하는 연기 연습의 장이 되었다. 선택한 행동이 전달되는지 알아보기 위하여 수없이 테스트 해봤다.

연기실험은 매우 귀중한 삶의 기술이다. 척하는 것은 모든 가능성에 대한 상상에서 비롯된다.
척하는 것 즉 연기는 점차 나 자신을 변화시켰다.

연기실험은 인생에서 최고의 활력이다. 풀리지 않고 남아 있는 자기감정의 찌꺼기에 거리 두기가 가능하다. 일목요연하게 정리된다. 연연하지 않을 수 있다. 나를 투시하여 바라보면, 감정의 정체가 분명해진다.

연기실험은 다른 사람의 마음에 행동을 일으키게 하기 위해 사용되기도 한다. 엄마들이 연기를 다 잘하는 이유다. 자녀들의 요구를 만족시키면서도 엄마의 의도가 제대로 작용하는 방법을 찾기 위해 다양한 시도를 한다. 그 와중에 연기력은 쭉 향상된다.

연기 실험은 당신이 원하는 대로 당신을 바꿀 능력이다. 생활의 장면 장면을 살펴볼 수 있다. 서로의 얼굴을 마주하면, 느껴지는 세월과 이야기들이 넘실댄다. 그 때부터 서로 궁금해하고 영향을 주고받는다. 다른 이와 함께 돌아볼 때 이야기는 다시 써진다.

내가 노력해서 여기까지 계속해서 만들어 왔다는 의식이 있어야 한다. 인식 없이 사는 것들도 있을 수 있다. 당연히 젊었을 때는 필자도 후회되는 일이 많았지만 그렇다고 해서 부정할 필요는 없다.

실패의 경험은 매우 중요하다. 우린 실패를 할 거다. 사람은 실패를 할 수밖에 없다. 이런 걸 알면서 했을 때, 실패라는 것은 나한테 오히려 더 잘 되기 위함이 될 수 있다.

연기실험재료가 자기이기 때문에 그리고 세상이기 때문에, 자기를 실험하여 세상에 내놓게 된다. 그럴 때, 결과는 과정일 뿐이고, 과정은 의미가 된다. 당신에게 어떤 의미인지가 중요하다.

결국엔 더 많은 어떤 새로운 정보를 지식을 얻는 게 아니다. 자신을 발견하게 되고, 자신의 탄탄한 뿌리, 인간 본성, 본질, 본능, 이와 같은 것들을 연기가 탐험하게 한다. 여러분은 최고의 실험으로서 연기를 선택해야 할 필요가 있다.

연기는 자기의 재능, 자질, 가능성과 수많은 자기를 연구하게 되고, 타인을 연구하게 된다. 그 속에서 자신의 뚜렷한 입장이 생긴다. 거기에서 자신만의 콘텐츠가 탄생한다.

필자는 감사하다. 이렇게라도 할 수가 있구나. 내가 믿는 게 있고, 내 재능을 써서 아름다운 일을 해보고 싶다는 생각을 한다. 내가 진정으로 사랑하는 연기로 다른 사람을 살맛나게 하고 싶다.

마치 딸이 엄마를 보며 다 알고 있다. 몇 날 며칠 아니 몇 년이 걸려 다 말할 필요 없이 다 알고 있다. 내 눈이 내 맘이 내가 다 알고 있다. 걱정하지 마시라.

지난한 당신 삶의 편집 본. 당신 인생의 한편의 영화. 서로에게 영향을 주고받으며 끝이 난다. 다른 이의 삶에 자신의 해석이 들어가, 서로의 작품을 본다. 이렇게 작품을 감상하면 진정으로 위로를 받게 된다.

필자에게 연기는 언제나 최고의 실험이다.

다른 인생을 경험한다

연기는 다른 인생을 경험하는 것이다. 다른 삶을 경험 중인 상태, 연기 중 몰입 상태에서 캐릭터가 내 몸을 통해 풀어져 나오는 느낌을 받을 때가 있다.

느낌을 묘사하면, "딱 죽어도 여한이 없다" 진심으로 완전히 몰입해서 한 인물을 연기하면 그런 생각 든다. 이제 죽어도 여한이 없다. 그 과정을 더 구체적으로 설명하면 이렇다.

내 안에 2명이 존재한다. 내 안에 또 다른 내가 있는 거다. 배우인 이 사람은, 그 뒤에서 영혼처럼 보고 있고, 인물이 탁 자리를 잡고 활동을 한다. 인물이 인물의 삶을 살고 있는 것을 지켜보게 되는, 살짝 옆에서 혹은 위에서 이렇게 지켜보게 되는 것을 배우는 경험하게 된다.

순간이고 찰나 일 수도 있고 아니면 공연하는 동안 한두 시간 내내 일 수도 있다. 그런 귀한 경험을 필자도 해본 적이 있는데, 고요해지면서 반면 역동적인 인물의 삶을 살고 있는 나를, 내가 옆에서 지켜보게 된다.

그러면서 정말 오만가지 다양한 희로애락의 감정을 느낄 수 있다. 그리고 인간에 대한 연민이 온몸에 온 가슴을 온 마음을 가득 채우는 기분이다. 인물에 대한 연민이 자연발생적으로 자연스럽게 올라온다. 그러기에 오롯이 제 몸을 내어줄 수 있는 거다.

그런 100%에 가까운 헌신 하려는 마음을 가지게 되는 경험은, 아이를 출산하고 난 직후와 흡사하다. 갓난아이를 지키려는 마음과 비슷하게 겹치는 부분이 있다.

지금은 내가 중요한 게 아니라 인물이, 이 아이가 중요하다. 그만큼 참으로 소중한 순간이다. 이 세상에 태어나서 해야할 중요한 임무를 수행해 낸 것 같은 마음이다.

수천수만 가지 삶을 사는 배우다. 연기변신(변화와 발전)은 언제나 환영받는다. 지금 이대로도 좋지만, 어차피 사람은 변화한다. 이제 당신의 연기변신이 시작된다.

이대로의 나에서, 짜증 내고, 일이 생길 때마다 반응하고, 슬프고, 그게 아니라 행복한 나로서 산다. 그쪽으로 조금 더 나에서 나′만큼 이동한다. 이 모든 순간순간에 연기변신 되는 자신을 발견한다.

이야기(인물 사건 배경)는 하나의 또 다른 세상. 구경만 하다가 체험을 해보면, 삶이 극과 구성이 똑같다는 걸 안다. 내가 살고 있는 삶에선 잘 안 보인다. 하나하나 따져보고 사는 게 아니기 때문이다.

자기가 겪을 때는 어떻게 대응해야 할지 몰라서, 무의식적으로 대응하게 된다. 변신이 힘들다. 그런데 다른 인물의 이야기(인물 사건 배경)을 보면, 앞뒤로 따져보고, 다양한 각도로 직접 체험을 해보는 거다. 그땐, 기가 막히게 보인다.

내가 너무 맹목적으로 끌려갔던 거 아니야? 왜 나는 그런 선택지가 있는지 몰랐지? 내 진심과 바람이 그 당시에 난, 이 말을 했었어야 했다는 것을 인물을 통해 알게 되고, 결국 자기응원(hope)이 된다.

내가 더 나은 사람이 되기 위한 아이디어를 넣고, 그다음에 내가 다시 살아볼 때 실제 생활에서 삶을 잘 살아갈 수 있는 힘을 기른다. 작품을 통해 상황을 인지하고 사람과 사람이 연습을 통해 연기실험을 같이 또 스스로 해보는 거다.

다른 시대, 다른 인물, 다른 사건을 통해서 자기를 보게 하는 게 긍정적인 효과를 줄 수 있다고 믿는다. 너무 대단한 작품과 연기가 많다. 그걸 즐길 수 있는 열정만 있으면 된다.

서포트 할 능력이 있다. 관계, 용기, 흥을 돋우며 자유롭게 된다. 자기인식, 체득하다. 경험하는 중이다. 발견은 각자의 몫이지만 체계적인 연기시스템은 다른 인생을 경험하게 하는데 부족함이 없다.

여러분 삶 속에 진리가 있다. 자신의 삶을 떠나서 진리를 찾으면 안 된다. 자신의 삶과 다른 이의 삶을 섞어놓은 것이 바로 드라마이다.

드라마는 관심을 빼앗기 때문에 시험을 앞두고는 시청이 자제된다. 연기는, 관심을 빼앗았다가 돌려주는 작업이다. 돌아왔을 때, 자신에 대한 생각이 폭발하고 관심이 증가한다.

관심과 생각이 모인다. 다시 섞인다. 다르게 분류된다.

　상처는 재산이다. 감동을 준다. 내경험이 누군가에게 도움이 되는 세상이 연기세상이다. 연기는 혼자 하는 게 아니다. 영향을 끼치고 받고 돌려준다. 그렇게 서로 섞인다. 자연스러운 현상이다.

　연기가 바라고 있는 것은 당신이 바라고 있는 것이다.

　연기는 친구다.

누구보다 더 솔직해진다

연기에서 솔직함은 중요한 key이다. 왜냐하면 솔직하지 못하면 시동이 걸리지 않는다. 운전의 시동과 같은 거다. 그 순간에 솔직하지 못하면 출발할 수 없다.

솔직하기 어려운 이유는 불안 때문이다. 불안은 일어날지도 모르는 것에 대한 지나친 걱정이다. 대체로 우리는 말하는 사람 위주로 생각하는데 중요한 건 듣는 사람이 어떻게 듣는가이다. 듣는 이의 감정이 중요하다. 그래서 오히려 말하는 쪽에서 진실을 감추면 듣는 이는 상상한다. 듣는 이 마음대로 진실이 정리되는 것이다.

이 사실을 알면 불안을 컨트롤 할 수 있다. 솔직하게 말하고, 상대의 반응을 그대로 읽어주면 된다. 이렇게 서로 반복하면, 혼자 하는 생각은 없어지고 상대에게 몰입된다.

자신의 진실을 꺼내놓을 수 있어야 하는데 일단 숨고 본다. 그리고 '지금' 생기는 충동을 흘려보내고 없는 체한다. 그렇게 점점 상대와 멀어진다. 진실은 온데간데없이 오해만 불어나곤 한다.

일단 꺼내놓고 봐야 한다. 드러내야 된다. 드러나야 한다. 사는 것처럼 살아야 한다. 그렇지 않으면 이야기가 소멸된다. 우리는 이야기를 사랑하는데도 말이다.

그런 것들에 대해서 겁이 나고 생각이 많아지면, 행동으로 옮겨지기 어렵고 행동으로 옮겨지지 않는다는 건 '없다'와 같다. 아무 일도 일어나지 않는다는 것과 똑같다.

그래서 배우는 누구보다 더 솔직해져야 한다.

연기에서는 그 솔직함의 가치가 충분히 인정된다. 연기를 통하면 그것들이 보석이라는 걸 바로 안다. 자기아픔, 자기상처, 자기고통이 안에 있으면 다 아프고 상처 고통이지만, 밖에 꺼내놓고 나면 다 보물이다. 우리는 보석이다.

어떻게 꺼내놓느냐가 중요한데, 바로 연기술을 통해서 꺼내놓으면 안전하다. 그리고 찬사와 공감과 사랑으로 돌려받는다. 가벼워지고 홀가분하고 편안해 진다. 무거워 축 늘어져 있지 않는다. 떳떳하고 아주 가볍다.

가벼워지고 싶고 솔직해지고 싶은 사람들에게 꼭 연기를 추천하고 싶다. 그리고 솔직해서 손해 봤다. 그랬던 경험이 있을 거다. 다시는 솔직해지고 싶지 않을 거다. 필자 역시도 그랬다. 연기세상 속에서 연기라는 파도를 타고 서핑 하듯 다녔기 때문에 빠져 죽지 않고 지금까지 살아 있다고 생각한다.

솔직할 수만은 없는 이 세상이라는 걸 알고 있다. 하지만 솔직해지는 세상도 있다는 걸, 그게 인정받는 세상도 있다는 걸, 여러분에게 알려주고 싶다. 숨이 쉬어진다. 그래서 취미 연기를 주장하게 된 배경이다.

필자는 이런 소리를 자주 듣는다. "당신은 자신의 패를 모두 꺼내 보여준다." 맞다. 나는 패를 펼쳐 보여준다. 내 패를 고대로 펼쳐 보여줘야 상대의 반응을 살필 수 있다. 내 패를 보여준다고 나의 승전전략까지 보여줄 수 있는 게 아니다. 그것은 아직 필자에게도 없기 때문이다.

패를 보여주고, 상대의 반응을 살피고 어떤 경기를 할지는 바로바로 그때그때 결정한다. 그리고 모든 책임을 진다. 이것이 필자의 전략이다. 솔직하지 않을 이유가 없다. 그리고 패를 보여줄 때 항상 이런 마음이다. 함께 하자. 함께 행복하자는 바람으로 패를 보인다.

지금 내가 세상을 바꿀 수 없다면 그 세상에 대해서는 일단 침묵하며 지켜본다. 하지만 나는 솔직해 질 테다. 나는 나의 삶을 살 테다. 이런 패기가 있어야 한다.

우리가 오랫동안 앉아 있어 이렇게 접혀진 몸을 운동으로 쫙 편다. 그런 것처럼, 짓눌린 감성을 연기하러 온 센터에서 쫙 펼쳐라. 이것이 연기운동이다. 웰빙. 몸과 마음을 가볍고 감성 충만하게 삶을 지속시킬 수 있다. 필자는 백 퍼센트 믿고 실천 중이다.

2장

연기는
당신 인생이다

당신의 인생
그 자체가 작품이다

"인생은, 느끼시기에 뭔 거 같습니까?"
"인생은 <u>하나의</u> 예술이야!"
"인생은 예술입니까!?"

멋쩍은 미소와 연거푸 끄덕임, 그 의미가 고스란히 전해진다. tvN 유 퀴즈 온 더 블럭 70화에서 파독 광부의 산증인 민석기 자기님의 인생철학이 전파를 탔다.

예술이 무엇인지, 인생은 무엇인지, 함께 묶어 생각해보지 않았던 필자에게 "인생은 예술이구나"라고 따라 말하게 했다. TV 속으로 들어가 더 이야기 듣고 싶었다.

유재석 큰 자기님과 조세호 작은 자기님도 이야기에 푹 빠져있는 모습이 필자와 같았다. 무엇이 우리를 빠지게 만들었을까?

민석기 자기님은 산업화 세대[A]다. 젊은 시절 가난한 모국을 떠나 10년을 독일에서 파독 광부로 일했다. 탄광에서 1년에 한 달 주는 휴가를 모았다. 모인 휴가는 다시 독일의 도로 공사 일을 하는데 쓰였다. 그렇게 모인 외화는 고국의 가족에게 보내졌다.

라인강이 흘러가는 물을 보면서, 한국방송 라디오를 들으며 그리운 마음을 달랬다. 그 노래 '해 뜰 날'을 "쨍하고 해 뜰 날 한국 간단다."로 따라 부르길 좋아했다고, 멋지게 불러주신다.

막상 한국에 와보니 보낸 돈은 지켜져 있지 않았다. 가족들로부터 고생도 인정도 받지 못했다. 원망이 되지 않았냐는 사회자 질문에 "원망한들 뭐해"라며 털어버리신다.

A   산업화 세대란 1945년 광복 이후 한국 전쟁 기간 동안 태어난 세대로 1960~70년 세계를 누비며 산업 발전을 일구어 '한강의 기적'을 만들어 낸 대한민국 경제 성장의 주역을 바로 산업화 세대라 한다.

70 연세인 지금도 "아직까지 회사에서 일을 시켜주니까, 난 여전히 열심히 살 거야"라고 밝게 웃으시는 우리네 아버지의 모습이다.

필자는 감동을 받았다. 초연한 세월의 고통이 나를 터치했다. 인생무대의 주인공이 세상 밖으로 풀려 나오는 것을 목격한 것이다. '당신의 인생'이란 좋은 예술작품을 보여주셔서 감사드립니다. 민 석기님의 용기로 20년차 배우는 깨달음을 얻습니다.

민석기 자기님은 유 퀴즈에서 실감 나는 연기를 펼치신 것이다. 배우들은 실감 나는 전달력을 가지려고 끊임없이 노력하고 훈련하고 있다. 필자가 워크숍에서 했던 액서 사이즈를 소개하겠다.

한 명씩 나와서 발표한다. 자기 '추억의 한 장면'을 설명한다. 자신이 경험한 상황을 마치 목격한 장면처럼, 객관적 설명하기 방식이다. 있는 사실 그대로를 가감 없이 설명하다 보면 정말 실감 나는 연기가 된다. 민석기 자기님 추억의 한 장면이 딱 그랬다.

광부들이 지하 1200m 깊은 탄광에 들어가기 전 서로에게 하는 독일어 인사 "굴뤽 아우프"는 "무사히 살아 나오자"라는 뜻, 그 당시로 돌아간 듯 목소리가 깊은 곳에서 울려 나오고 있었다. "굴뤽 아우프"는 듣는 사람을 울리는 말이었다.

'추억의 한 장면 설명하기' 엑서사이즈와 접목된다. 필자는 자기 이야기를 하는 엑서사이즈를 해보고 또 리드하며 알게 됐다. 내 이야기의 소중함, 영향력 그것은 연기의 본질과 만난다. 결국 연기는 자기 이야기를 하는 것이다. 그것이 사람 마음을 움직인다.

누구나 멋지게 자기 얘기를 할 수 있다. 자의식에 치우치거나 감정에 빠지지 않고 온전하게 전달되게 얘기할 수 있다. 자꾸 드러내야 자기가 어떤 사람인지, 이해하고 사랑하게 되며 덩달아 주변인들에게도 사랑받게 된다.

유 퀴즈 온 더 블록의 자기님 이야기 또는 다큐멘터리 인생극장 주인공들의 이야기에서 소중한 보물이 발견되곤 한다. 용감하게 꺼내 놓아야 한다. 세상에 외칠 때 비로소 진실이 보인다. 결코 내 안에 가둬두면 안 보인다.

기회가 오면 자신의 삶을 되돌아봐 그 속의 드라마를 직접 펼쳐낸다. 자신의 인생이라는 무대의 주인공으로서 드라마를 이끈다. 변화무쌍한 삶을 살아보자.

자세히 들여다 본적 없는 자신의 삶과 그 안의 등장인물들을 살펴보자. 무궁무진하고 변화무쌍한 자신이라는 캐릭터에게 무한한 가능성을 불어넣자.

당신의 인생이 곧 작품이다. 인생이라는 작품을 무대 위에 올려놓고 보면 흥미진진하게 봐라볼 수 있다. 그 순간 인생을 살아 갈 힘이 생긴다고 필자는 믿는다.

연기는 하나의 인생을 위한 숭고한 행위입니다.

주변 인물이
모두 등장인물이다

당신 인생이라는 작품 안에 등장인물은 누구누구인가? 태어나서 죽을 때까지 얼마나 많은 등장인물이 존재했다가 사라졌다가 혹은 의미가 약해졌는가?

지금, 당신에게 중요한 인물이 주인공급 등장인물일 것이다. 시간의 흐름과 장소의 변화에 따라서 변화할 것이다. 그렇지만 또 아주 오랫동안 당신에게 중요한 등장인물도 있을 것이다. 주변 사람들을 지금부터 등장인물로 바라보자.

성숙한 배우는 주변 사람을 캐릭터 보기로 볼 수 있다. 가까운 사이일수록 캐릭터로 보면 달라 보인다. 그 이유는 거리가 둬지고, 입체적으로 이해하게 되기 때문이다. 거리가 안생기면 입체적으로도 안 보인다. 거리가 있어야 전체가 보이고 전모를 알 수 있다.

결국, 떨어져서 자기 자신도 볼 수 있다면 확실한 마음 챙김이 된다. 어떤 사람에 대해서, 열린 마음으로 보면 시간이 지날수록 그 사람의 다른 부분을 발견할 수 있다. 우리가 어떤 마음으로 그 사람을 보느냐에 따라 어떤 계기로 만나냐에 따라서 다른 점을 서로한테서 얼마든지 발견될 수 있다.

캐릭터를 쉽게 판단 내리고 결론 내리고, 배우가 연기 가능하게 하기 위해 축소시켜 놓는다면 아무 매력도 없는 죽은 배역이 된다.

주변 사람을 캐릭터화해서 지켜볼 수 있다면 존엄을 가지게 된다. 캐릭터를 입체적으로 이해하게 되어 받아들여지는 것과 같은 맥락이다.

사람을 캐릭터로 보는 연습을 하면 이로운 점이 또 있다. 반대로 캐릭터가 내 주변 사람들처럼 소중히 여겨진다. 한마디로 경계가 모호해진다. 언제나 함께해주는 친구를 사람에게서 만이 아니라 캐릭터까지 영역이 넓혀진다. 모두를 가깝게 느끼며 사는 것은 엄청난 일이다.

캐릭터의 불멸성, 무한한 가능성으로 주변 사람을 캐릭터로 볼 수 있고, 실제 작품 속 캐릭터를 가까운 친구로 느끼며 살 수 있다면, 인간관계의 메타버스 아닌가.

언제나 함께 해주는 친구를 느끼며 당신은 연기를 통해 배우처럼, 다른 사람들과 연결되어 충만한 삶을 살 수 있다.

자기 자신에 대한, 주변 사람들에 대한, 무수한 캐릭터에 대한 호기심은 결국 이 세상을 살아가는 힘이다. 앞으로는 우리의 열정이 어디를 향해야 하는지를 잘 보고 그쪽을 겨냥했으면 한다.

스토리텔링을 할 때 빠지지 않는 것이 바로 자신과 주변 사람들 그리고 자기에게 영향을 준 인물이다. 이야기가 풍성한 삶이 결국 보람된 삶일 것이다.

지금부터 당신의 이야기 속에, 연기술을 극대화 시켜서 능숙하게 연기하며 살아있게 만들어보자. 그로써 만족된 삶, 나라는 삶을 살아보자.

그 시작을 알리는 첫 실천이 바로 주변 사람을 등장인물 보기로 시작될 수 있다. 사람은 누구도 누구의 소유물이 아니다. 자기 자신도 마찬가지다. 결국 우리는 누군가의 기억에 한 인물로, 이야기로 남는다.

자유로워지기를 희망한다. 모든 관계의 속박에서 풀려나, 자유롭게 자기 자신의 이야기를 펼치며 살아가길 소망한다.

남이 보기에 멋진 인생을 살 필요가 없다. 만족스럽고 괜찮은 한 편의 영화가 돌아가는 중이다. 종국엔 포괄적으로 수용되고 공감하며 한 편의 영화가 끝나고 마무리될 것이다.

남은, 당신의 인생이라는 작품 안에 등장인물일 뿐이다. 역할을 달리하고 있는 등장인물들이다.

인생 무대에
주인공은 당신이다

인생 무대에 주인공은 당신이다. 당신은 어떤 주인공인가? '나의 인생'이라는 작품이 무대 위에서 공연 중이라면 어떠하겠는가? 어떤 마음으로 공연을 지켜보게 될 것인가?

필자가 이와 같은 질문을 하면, 다수가 '내 인생은 평범하고 재미없다'라고 답한다. 그러나 우리가 감상하는 일반적인 작품은 주인공들의 삶을 솎아내고 생략한 거라 볼 수 있다. 작품들은 2~3시간으로 축소해서 극적으로 만들어 놓은 것임을 잊으면 안 된다.

필자가 만약 우여곡절 끝에 대종상 또 그래미 어워드 같은 상을 탄다고 가정하자. 이런 순간도 내 삶 전체의 단 한 부분일 것이다. 영화의 장면과 장면 사이에는 실제로 계산하면 어마어마한 시간이, 매일 매일이 존재한다. 그러니 우리의 삶을 멋지게 바라보자.

주인공은 자신이 원하는 것을 찾아 나선다. 시도하고 도전하고 끝까지 물고 늘어지는 능력이 탁월하다. 시간이 지날수록 매력적으로 변화한다. 자신이 원하는 것을 한다. 인생의 주인으로 살려고 고군분투한다.

주인공의 삶이 처음부터 원하는 대로 모두 세팅되어 있다면, 극은 시작도 되지 않았을 것이다. 그러나 주인공은 어떠한 역경 속에도 삶을 살아가기 위해서 고전한다.

무대는 어떤 곳일까? 무대는 배경(시대, 장소, 시간)으로 펼쳐진다. 주인공의 인생 스토리에 따라 시간과 공간이 나뉘어지고 변한다. 사건사고가 일어나는 곳이다.

삶의 주인으로 살기 위해 펼쳐진 무대를 분석할 때, 가장 중요한 질문은 바로 이것이다. '주인공이 원하는 것은 무엇인가?' 지금, 주인공이 무엇을 원하고 있는가? 어떤 삶을 살고 싶은가? 이 물음에 목적이 무엇인가? 불필요한 것을 제거하려면 먼저 뭐가 중요한지를 알아야 하기 때문이다.

배우는 기꺼이 주인공의 삶에서 찾아내고 이뤄낸다. 그와 동시에 스스로 나는 누구인가?를 인지하는 능력이 고양된다. 용기 있게 자신이 원하는 걸 찾아가는 주인공들의 삶에서 우리는 많은 것을 보고 배울 수 있다.

연기는 주인공이 어떻게 원하는 삶을 얻어내는지를 보여주는 수단이다. 그것을 연습해 보는 것으로 자신의 삶에 주인으로 사는 방법이 된다.

왜 연기술이 일상생활에서 중요한지 알 수 있다. 연기술을 통해서 주인공의 삶을 살아가는데 목적을 이뤄내는 기술 모두를 알 수 있다. 누구나 할 수 있게 창조되어 있다. 이것만큼 주인공으로 삶을 살아가는 데 효과적인 비법은 없다.

나의 인생 무대 위에 올라가 보자. 함몰되어 있는 건 아닌지 허우적거리고 있는 건 아닌지 체크해 보자. 무대 위에서 끌려다니지 않고 끊임없이 진격하는 주인공의 폐기를 잊지 마라.

해봐야 한다. 부딪혀봐야 알 수 있다. 해봐야 나아갈 수 있다. 결국 행복한 내가 될 수 있다. 그것이 인생 무대에서 당신의 의미를 찾아가는 길이다.

한번 올라간 연극은 다음날 똑같이 무대에 올라가지만, 당신은 언제나 다를 수 있다. 변방에 존재감 없이 살지 말고 당당히 앞으로 나와 주인공으로서 관객을 향해 자신을 향해 의미 있게 소리치자. 당당하게 살아보자. 연기가 당신과 함께하겠다. 진심으로 응원한다.

연기는 실험을,
생활은 실습이다

필자는 소개팅에서 백전백승했다. 고등학교 때까지 삼각김 밥 머리 모양을 하고 학교 집만 왔다 갔다 하던 소녀였다. 연 기가 좋아 배우가 되고 연기술이 몸에 익은 성인이 되자 일궈 낸 지금까지도 너무나 뿌듯한 업적이다.

필자는 농담이 아니다. 연기가 실험이 되고 생활은 실습이 된다는 것을 리얼하게 설명 중인 것이다.

소개팅에서 처음 만난 사람들에게 듣던 말은, 편안하게 대 해줘서 자신이 해제되는 느낌을 받는다는 피드백이었다. 긴 장 많고 이성이 불편했던 분들도 처음 만난 자리에서 즐거워 하고 유쾌해했다. 상대가 앞에서 마음을 여는 걸 목격하기에 오랜 시간이 걸리지 않았다.

연기훈련하는 공간은 일상이 실험실이다. 수많은 다양한 상황에서 관계를 달리해가며, 연결된 채 순간마다 연기한다. 연기연습은 반복되기 때문에 적절한 표현을 찾는 감각을 기를 수 있다. 상대의 반응을 살필 수 있고, 수정해서 다시 살 수 있는 리얼한 인생연습인 것이다.

생활에서는 리얼타임으로 실습이 된다. 처음 경험하는 지금, 지금 나의 삶에서 생생하게 연기가 연습되는 것인지, 삶이 연습되어가는 것인지, 경계가 모호해진다. 확실한 것은 둘 다 마음만 먹으면 뜨겁게 내가 원하는 삶을 살 수 있다. 당당하게 걸어들어가 주인인 삶을 산다.

함께 행복하기 위해서 주어진 시간에 최선을 다한다. 오늘은 이런 내가 되어보고 내일은 이런 내가 되어보고, 다양한 내가 되어볼 수 있는 기회는 양방향에서 가능하다. 나의 반응은 같이 있는 사람에게 영향을 미친다. 어제와 다른 나의 반응을 상대가 모를리 없다. 다만, 상대가 모르는 것은 변화된 자신의 반응일 것이다.

감당하기 힘든 깊은 슬픔이 나의 삶에 방문했을 때 연기는 필자를 살렸었다. 필자는 산후우울증과 엄마를 잃은 슬픔이 함께 와서 사는 게 힘들었던 시기를 보냈었다. 살기 위해 연기를 훈련하러 갔다.

배우는 그때 찬스다 하며 온전히 받아들이려 하는 거다. 왜냐하면 복잡한 감정을 캐치해 알아차리려는 거다. 감지하고 이해하려는 거다. 그러니까 이 감정을 잊어버려 없던 일로 해가 아니라 소화 가능한 일이 되어야 한다. 연기를 통하여 내 경험을 공감 받고 싶은 거다.

감정에 내가 오픈되어 있다. 극적인 상황에서 받아들이는 자세를 능숙하게 해놓는다. 실제 유사한 감정이 나에게 다시 찾아올 때 대비가 된다. 모두 지나갈 것이고, 연기 가능하다는 의지로 살아 내게 한다.

중요한 것은 부정적인 것에서 어떻게 긍정적인 것으로 전환하는가이다. 극단의 부정적인 상황에 빠져들지 않고 어떻게 승화를 시켜서 좋은 것으로 살아내느냐이다.

엄마가 됐는데 엄마가 돌아가시는 슬픔은, 장례식 엑서사이즈를 통해 풀어냈다. 바로 나의 자녀가 느낄 아픔을, 내가 체험해 보는 것에서 시작했다. 엄마의 죽음으로 생긴 '슬픔'

을 알아차리게 됐다. 나의 죽음이 내 자녀에게 미칠 영향력을 인지했다.

그러면 나는 지금 어떤 선택을 해야 하는가? 나는 생활에서 올바른 선택을 하려고 했고 그렇게 살아서 슬픔을 극복하고 단단한 엄마가 되는 것으로 승화시켰다.

필자가 깨달은 원리는 이것이다. 연기는 뭘까? 삶은 뭐지? 항상 이 두 가지를 충실하게 가져간 배우다. 분명히 이 안에서 절대 한쪽에서만 답을 찾을 수 없다. 둘 다 같이 가야 된다. 삶의 매 과정에 충실하며, 연기의 본질을 추구해 왔다. 그러면서 깨달은 바는 다음과 같다.

삶이 진짜 드라마구나. 한 인생의 의미가 연기의 본질이구나. 나한테 최고의 작품은 '나의 인생'이다.

당신의 세상이 배경이다

    결국엔 배경이다. 모든 건 배경으로 귀결된다. 배경에 귀속된다. 배경으로 회귀한다.

    인물과 사건을 쫓아, 쫓아 올라가면 결국에 남는 건 배경밖에 없다. 인물이 그렇게 된 배경. 사건이 일어난 배경. 배경엔 또 배경. 그렇게 역사의 역사를 타고 올라가도, 그 뿌리를 찾을 수가 없다. 그 모든 게 한데 얽혀져 있기에, 한 이야기의 뿌리를 찾을 수 없다. 결국엔 배경으로 귀결된다.

    배경이 어떠하나, 어떤 것이냐에 따라서, 많은 것들이 달리 해석되기 때문이다. 사건도 어떤 배경 속에서 이뤄진 것인지에 따라 판결이 달라진다. 인물도 어떤 배경인지에 따라 그 사람에 대한 평가가 달라진다.

이렇듯 배경은 인물과 사건에 지대한 영향을 끼친다. 그것은 다시 또 다른 배경으로 귀결된다. 배경은 그러니까 집과 같다. 무대 위 장소이고, 삶의 터전이다. 배경은 시대 배경, 공간배경, 시간배경 이렇게 나뉜다. 긴밀하게 엮어서 생각해야 알 수 있다.

선명하게 파악될 수 있는 게 배경이기도 하다. 배경은 기록되어 차갑게 우리의 주변에 자리하고 있는 것이기도 하다. 급속도로 변화하는 인물에 비해 급속도로 전개되는 사건에 비해 배경은 꽤 더디게 진행되는 듯하다. 굉장히 큰 숲처럼, 우리의 삶에 지고하게 자리하고 있다.

배경을 연기에서 또 우리의 인생에서 어떻게 연구하고, 어떻게 바라보고, 어떻게 누릴 것인지를 생각해 봐야 한다.

연기에서는 가장 먼저 텍스트에서 배경에 대한 정보를 캐낸다. 그것을 등장인물이 아는 만큼 배우는 알려고 노력한다. 인물이 처한 배경을 알아야 인물이 처한 상황을 정확하게 파악할 수 있다. 그래야 그 인물에 대한 평가도 이뤄질 것이다.

우리는 살면서 배경이 얼마나 중요한지 모른다. 감정에 휩

싸이고 또 관계에 얽매이기 때문이다. 우리 밖에 있는 모든 것을 관망하고 조명하고 있는 이 배경에 대해 신경 쓰고 살기가 어렵다.

배우가 연기할 때, 이 배경을 움켜쥐고 있는 사람은 연출가이다. 배우는 그 배경 속에서 존재하기 때문에 급급하기 쉽다. 밖에서 연출가처럼 이 전체 그림을 볼 수가 없다. 그래서 연출가의 이야기를 귀 기울여 듣는다. 잘 듣는 것이 이롭다.

일반인의 연기는 배우 시점뿐 아니라 연출가적 시점, 작가적 시점에서 바라보는 것은 아주 중요한 일일 것이다. 그것이 바로 연기에 더해 연기가 줄 수 있는 해택일 것이다. 삶에서 연기를 통해 누릴 수 있는 특권을 자기 것으로 하라는 필자의 설명이다.

왜냐하면 연기를 하는 동안 자신을 연출하게 되고 또 연기하는 동안 자신의 작가가 되어 이야기를 써나갈 수 있기 때문이다.

취미연기는 그 방향이다. 그쪽으로 물꼬가 열려있다. 등장인물의 삶을 그 누구보다 잘 살아서 유명배우가 되려고 하는 것이 목적이 아니다. 연기를 통해서 자신의 삶을 잘 살아보자는 것이 목적이기 때문이다.

이와 같은 배경으로, 일반인이 연기를 하는 곳에서는, 자기 자신을 연출하는 법, 자기 자신의 인생의 작가가 되는 법 그리고 자기 자신이라는 인생 안에서 명배우가 되는 법을 터득해야 만 할 것이다.

그러기 위해서 이 총체적인 과정을 서포트 해줄 서포터가 무엇보다 필요하다. 복잡하고 어려운 과정일 수 있겠으나 할 수 있다. 왜냐면 누구보다도 자기 자신을 사랑하는 건 바로 자기 자신이다. 자기 자신 만큼 자기 자신을 사랑할 사람은 없다.

자기 자신의 이야기에 귀 기울이고, 자기 자신의 감정을 들여다보고, 자신의 인생을 살펴보시길 권한다. 어떤 배경 속에서도 보다 나은 행동을 선택하면서 살 수 있다. 어떻게든 우리는 살아간다.

삶은 멈춰지지 않는다. 배경은 더디게만 흘러간다. 그러기에 우리는 언제나 기회가 있다. 또다시 찬스가 돌아온다. 그

것을 잡아야 한다. 그것을 노려야 한다. 배경이 확 바뀌고 나면 늦어버린다. 새로운 배경에서 새롭게 시작하면 그뿐이지만 너무 늦은 때도 있기 마련이다. 하지만 필자는 이렇게 생각한다.

지금부터다. 언제나. 지금부터다. 지금부터가 시작이다.

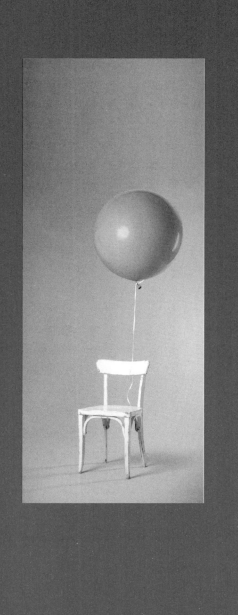

3장

당신이
연기를 배워야 하는 이유

누구나 명배우다

필자는 공채 탤런트 전속기간 1년차에 베스트 극장 주인공으로 캐스팅됐다. 그 작품 하나로 MBC 드라마국에서 인정받았다. 연기를 시작한 지 1년이 안 되는 경력과 경험에서 어떻게 그런 연기를 할 수 있었을까?

누구나의 이야기, 누구나의 연기다. 이야기에는 특정한 기준이 없고 모든 사람을 담는다. 그렇기 때문에 우리는 누구나 그 속의 인물이 될 수 있고 우린 누구나 그 인물을 연기할 수 있다. 연기는 쉽게 진입해, 즐거움을 누릴 수 있는 분야다.

우리는 누구나 배우처럼 수많은 얼굴을 가지고 있다. 개인이 다양한 이미지를 연출할 수 있는 사회로 변화했다. 소셜미디어와 SNS의 영향이 크다. 필요에 의해 자신을 천 가지, 만

가지로 변화시키고 있다.

근본적으로도, 사람의 존재는 정해져 있지 않다. 관계에 따라 자기가 정해지는 거다. 인연에 따라 그때그때 달리 역할을 해야 한다.

현대인들은 사회생활의 동력을 얻기 위해 소셜 마스크를 하고 있다. 요즘에는 부 캐릭터, 자신이 사용하는 주요 캐릭터 외에 캐릭터를 이르는 말, 부캐가 전성시대를 맞고 있다.

마치, 현대인들도 배우가 새로운 인물에 도전하듯 모두 새로운 가면을 쓰고 새로운 사람으로 거듭나 새로운 시도를 하고 있는 것이다.

필자는 말한다. 연기 마스크를 써라. 한마디로 뻔뻔해지자는 얘기다. 보통 반대로 한다. 평상시에는 전혀 구애받지 않고 잘 노는 사람도 막상 멍석을 깔아주면 반대로 하기 일쑤다. 소셜 마스크를 보완하고 업그레이드 시켜야 한다. 이제 연기 마스크를 쓰자.

연기 마스크는 다음과 같은 차별점이 있다.

첫째, 진실 되다.

연기는 진실해야 한다. 상대가 진실하게 느껴야 한다. 거짓이라고 느껴지는 순간, 깨져버린다. 진실하게 다가가기 위한 다양한 연기법들이 있다.

진실된 연기는 순간의 충동에 의해 나온다. 계산된 연기는 견고히 짜여 나오는 연기이다. 이 둘은, 가식적인 연기와는 질적으로 다르다. 가식적인 연기는 굳이 배울 필요가 없다. 진실한 연기를 배워 진실한 연기 마스크를 쓰자. 어렵지 않다. 누구나 쉽게 따라하는 연기수업 5단계를 해보자. 시작이 중요하다.

둘째, 관심을 나에게서 때서 상대에게로 옮긴다.

집중이 자기 자신에게 있으면 상대가 잘 보이지 않는다. 그래서 자신한테 있는 집중을 딱 때서 상대한테 옮기는 것이다. 상대에 의해서 자신의 퍼포먼스가 결정되게 하는 것이다. 상대의 반응으로 나를 살필 수 있으니 굳이 자신에게 집중해서 긴장을 야기하지 말자.

셋째, 약점을 노출한다.

소셜 마스크는 진짜 나를 감추고 있기에 종종 지친다. 연기 마스크는 다르다. 모든 인물은 약점과 장애를 가지고 있다. 약점은 그 인물의 매력이기도 하다. 관객이 인물을 지켜볼 수밖에 없게 만드는 포인트다.

햄릿의 예를 들면, 햄릿은 우유부단하다는 약점이 있다. 복수를 결단하지 못해 극이 진행되는 내내 고전한다. 그러나 관객은 햄릿의 이런 인간미에 끌린다.

당당하게 약점을 노출 시키는 법을 아는 것이 중요하다. 장애물을 극복하는 과정도 자연스럽게 노출된다. 그로써 신뢰가 쌓이고 사랑이 생기고 관계가 돈독해진다. 장애와 약점이 없는 사람은 그 누구도 없기 때문이다.

명배우의 조건은 목적을 성취하는 자여야 한다. 전체 작품 안에 장면들을 엮어서 인물의 목적을 이뤄내는 사람이다. 작가가 써놓은 대로 승리자가 저절로 될 거라고 생각한다면 오산이다. 수단과 방법은 배우가 동원하는 것이다. 수단과 방법을 가리지 않고 목적을 성취시키는 임무를 수행하는 배우는 뜨겁다. 뜨거운 인물로 표현된다. 압도된다.

원하는 마스크를 이미 썼을 수 있지만, 그에 걸맞은 행동을 하기가 쉽지 않다. 명배우도 매번 자신의 연기를 빛나게 해줄 연기법을 연구하고 끊임없이 노력한다.

모든 작품은 축소되어 있는 것이다. 작품은 인물 인생의 중요한 순간만 남겨놓고, 솎아내고 생략한 거다. 우리 인생은 그것에 확장판인 것이다. 자세히 보면 우리는 다 목적을 이루고 살고 있다.

우리가 하루에 이뤄냈던 성취해 냈던 것을 곱씹어 볼 필요가 있다. 그것들을 한데 모아보면 그 어떤 인물과 비견할만하다. 우리가 얼마나 목적을 이루는데 탁월한지 그것부터 이해해야 한다. 우린 모두 명배우이다.

매력을 극대화할 수 있다

카메라 앞에서 연기하는 경험은 짜릿하다. 카메라 렌즈가 촬영 중인 것을 알면서도 몰라야 한다. 미리 카메라에 잘 찍히게 연습도 되어져 있어야한다. 카메라에 꼭 담겨야 할 것에 집중한다. 한마디로 카메라 눈을 의식하고 행동해야 한다.

카메라 눈에 보이는 사이즈 즉, 앵글이 보는 대로 볼 수 있어야 한다. 앵글 안에서 나의 행동(배경에 걸맞은)을 제단 할 수 있어야 한다. 카메라앵글 속 환경에 준비되어 있어야 한다.

카메라 연기 방법은 온라인 강의나 개인 방송 및 홍보를 위한 촬영 등에도 도움이 되는 기법들이 있다. 자신의 감정과 감각을 재빨리 인지하여 상황에 맞게 변형해서 사용한다. 결국 자기가 어떻게 보인다는 그 결괏값을 알게 된다. 나도 모르게 선택되는 행동들을, 내가 알고 선택해서 행동하는 거다.

연기를 훈련하고부터, 그 순간을 사는데 딱 들어맞는 언행이 나도 모르게 자연스럽게 나올 때 뿌듯했다. 촬영장에서 오케이 사인을 받는 기분이다.

📽️ 카메라와 소통하는 스킬

I. 긴장이 없다.

연기에서 긴장은 적군의 장수다. 반드시 없애야 한다. 불필요한 긴장은 시간과 정성을 들이면 쉽게 사라진다. 자신의 호흡을 바라보며 바른 자세로 이완한다. 목이 자유롭게 돌아가게 풀어준다. 얼굴을 꼼꼼히 마사지하며 팽창과 수축을 반복한다. 등등, 자신에게 맞는 긴장 푸는 노하우를 가져야 한다. 긴장과 친해지지 마라.

Ⅱ. 매력을 사용할 수 있어야 한다.

자신의 매력이 무엇인지 자신의 무기가 무엇인지 계속 연구하고 시도해야 사용 가능해진다. 실패와 성공의 데이터가 풍부할수록 매력적인 사람으로 보인다.

Ⅲ. 재밌는 에피소드를 많이 가지고 있어라.

상황에 맞는 에피소드를 들려주면 호감도가 상승한다. 카메라에는 이야기를 재미있게 하면 사람이 달라 보인다. 이야기를 잘 살려 말하면 현장 분위기도 리드하게 된다.

Ⅳ. 자신에게 주목되는 순간을 잘 감지하라.

어떤 지점에서 사람들의 이목을 끄는지, 그 순간에 알맞은 행동은 무엇인지를 감지하라. 자신에게 주목될 순간을 미리 계산해 행동하고, 순간의 충동을 놓치지 않고 살아 있어야 한다.

자기매력을 극대화시키기 위해 연기만 한 게 없다. 연기를 배우면 현재를 사는 감각을 키우게 된다. 지금 현재에 상대와 커넥션(연결)되어 몰입된 상태가 자주 일어난다.

또한, 연기를 배우면 매력이 극대화되는 이유는 배우의 임무에 있다. 인물들은 입체적이고 다양한 매력을 갖고 있다. 그걸 수행해내는 연기과정은 결국엔 인물의 매력을 탐구하는 것과 일맥상통한다.

📽️ 자신의 매력을 발견하는 법

첫 번째, 단점에서 찾아라.

사람은 누구나 장점은 디테일하게 알고 있다. 그에 반해 단점은 그냥 묻어두고 모른 체한다. 그러나 장점과 단점은 손바닥 앞뒷면 같다. 나의 단점의 이면에 장점이 있고 그 단점 안에서 매력을 찾을 수가 있다. 그것이 어찌 보면 남들과 차별화된 나의 매력이 일 것이다.

예를 들어 보겠다. '내주장이 강하다.'라는 단점 안에서 매력을 발견해보자. 매력은 '리드를 잘한다.'라고 볼 수 있다.

비단 의견을 통한 리드만이 아니라 분위기를 리드 할 수 있다면 매력적이다. 주장이 강하다는 단점의 보완점을 찾아 매력이 되게 하자.

보완하는 방법은, 우선 분위기는 무엇으로 형성되는지 알아야 한다. 분위기는 장소, 태도, 목소리의 영향을 받는다.

· 목소리는 듣는 귀를 위해서 말해주는 소리이다. 듣는 귀에 말의 의도가 꽂히게 말하면 된다. 그 상황과 순간의 알맞은 표현을 하는 것만으로 목소리는 달리 전달된다. 타고난 목소리 안에서도 효과를 발휘할 수 있는 방법이다.

· 태도는 (표정, 제스쳐, 기분) 방향이 하나이다. 목적을 이루기 위한 행위이다. 모두 목적과 연결 시켜야 한다. 자신의 목적을 분명히 하고 태도는 목적을 이루기 위한 수단이 되어야 한다.

· 공간에 대한 이해와 공간 안에 자신을 자유롭게 적절하게 놓을 수 있어야 한다. 장소에 알맞은 행동은 수시로 공간에 대한 감각을 여는 것에서부터 시작한다. 자기에게 여유를 줘야 공간이 들어온다.

이렇듯 단점이 보완되면 장점으로 탈바꿈되면서 매력을 극대화시킬 수 있다.

두 번째, 상대에게 사랑 받겠다는 의지다.

그 마음이 없다면 그 의도와 목적이 방향을 잃어 매력을 발견할 길이 없다. 상대한테 관심받고 싶은 이유, 상대의 마음에 들고 싶은 이유, 상대가 필요한 이유, 상대와 사랑하고 싶은 이유, 이것들을 분명히 하는 것과 분명히 하지 않는 것은 차이가 있다. 매력은 계속 발견되고 다듬어지고 성숙되어야 한다.

세 번째, 롤모델을 연구해라.

배우의 굿 액팅을 따라 해보면 배우의 매력이 발견된다. 좋은 연기 장면은 기본적으로 상대에게 어필이 잘되는 연기다. 인물매력+배우매력으로 가득한 영화의 한 장면을 따라 해보라. 더 나아가서 그 배우의 작품을 쭉 살펴보면 매력의 정체는 분명해지며, 어느새 자신의 매력과 섞여서 새로운 매력이 만들어진다. 매력 창고를 가득 채울 수 있다.

연기의 요소들을 통해 자신을 정비해보고, 자기에 대해 더 알아 가면 좋은 사람으로 변해간다. 사람관계 뿐만 아니라 자기 자신과의 관계도 좋아진다. 자신감은 저절로 따라온다. 연기는 자신을 더 깊이 이해하게 하고 연기술을 통해 수정 보완하게 한다. 매력을 극대화시키는 지름길임이 분명하다.

삶의 퀄리티가 높아진다

2015년에 첫째 딸을 출산했다. 세상에 태어나서 가장 잘한 일이라는 생각은 지금도 변함이 없다. 산후우울증이 왔지만, 난생처음 겪어보는 상황 속에서 몸과 마음이 아픈지도 몰랐다. 몸과 마음이 무너져 내릴 때 간절히 연기가 하고 싶었다. 기기 시작한 딸아이를 어딘가 맡기고 연기를 하러 무대로 돌아갈 순 없었다. 워크숍으로 배움의 연기를 하러 갔다. 삶에 연기가 단비 같았다. 고교 연극부에서 처음 연기를 했을 때의 순수한 즐거움이 다시 찾아왔다.

첫아이 낳고부터 지금까지, 온전히 즐기는 연기를 하고 있다. 이 책을 쓰게 만든 동기이다.

내가 참여했던 워크숍들은 할리우드에서 가장 인정받고 있는 '미국 메소드'이다.

'샌포드 마이즈너' 선생님의 '리피티션', F.M.알렉산더 선생님의 알렉산더 테크닉이 대표적이다.

간략하게 설명하면, 리피티션은 머릿속에 돌아다니는 불필요한 생각을 정리해주고, 집중할 것에 집중하게 도와주는 훈련방법이다.

알렌산더 테크닉은, 몸 안에 불필요한 긴장을 인지해서 내려놓고, 올바른 디렉션이 몸 안에 흘러서 아름다운 통합된 몸이 되는 것이다.

두 가지 테크닉은 배우를 자유롭게, 몸과 마음이 연결되고 열리게 돕는다. 미국에서는 이 테크닉들 뿐 아니라 임프라브를 비롯해 연기 테크닉들이 배우만이 아니라 일반인에게도 열려있다. LA에만 수백 개의 스튜디오가 있기 때문이다.

지금부터 당신이 연기를 배우면 삶의 퀄리티가 높아지는 이유를 말하겠다. 이것은 필자가 직접 체험한 것이다.

첫째, 활력이 생긴다.

연기는 재미있다. 연기훈련들은 대부분 놀이형식을 띠고 있다. 몸을 쓰고 감정을 쓰기 때문에 지루할 틈이 없다. 웃고 떠들다 보면 시간이 훌쩍 지나가 있다. 어디서도 본적 없는 신선함 자체다. 몰입된다. 연기한다는 것 자체가 삶의 이벤트다.

생활이 반복되면 무료하고 지겹다. 연기한다는 특별한 시간을 자신에게 선물하는 거다. 연기력을 높이기 위해서 혹은 오디션에 합격하기 위해서 아니면 돈을 벌려고, 연기한다면 어려움이 따른다. 취미 연기는 말 그대로 즐기러 다니는 거다.

즐기는 자를 이길 자는 없다. 잘하려고 할 필요 없이 즐기려고 하니까 쉽다.
시키는 대로 쓱쓱 잘 해지고, 항상 뜨겁다. 열정이 식지 않는다.

자신도 모르게 연기의 본질에 다가가게 된다. 필자는 연기를 일로 할 때 받았던 압박감, 중압감, 고정관념에서 벗어나게 될 수 있었다. 무엇이든 일로 하면, 즐기고 놀게 되기가 쉽지 않다. 놀기 위해서 놀면, 취미로 하면, 연기의 재미를 온전히 느낄 수 있다. 필자는 일반인의 취미 연기를 돕는 것만으로도 그 에너지를 받아 활력이 생긴다.

둘째, 보는 눈이 높아진다.

K 드라마와 K 영화는 대중이 만들어 낸 것이다. 우리나라 사람들이 이야기를 사랑하고 콘텐츠에 민감하다. 산업의 발전 속도는 대중의 취향에 맞춰 진화한다. 이만큼 우리가 연기를 많이 보고 살고 있다.

보기 좋아하는 데 하기 좋아하지 않을 리가 없다. 직접 해보면 볼 때보다 더 재미있다. 하는 연기와 보는 연기가 선순환한다. 서로 돈독해져 취미의 가치가 배가 된다.

그냥 넋 놓고 TV를 보기만 하지 않고 좋은 연기를 구별하려고 하게 된다. 내가 몸으로 체험하면 감각들이 살아 정답을 찾는다. 좋은 이야기, 좋은 연기, 좋은 퍼포먼스가 눈에 들어온다. 따라 몸이 반응하고 자신의 퍼포먼스에도 영향을 미친다.

연기수업 이렇겠지, 나도 동아리에서 해봤는데, 어떤 고정 관념을 가지고 있다면 버리시기를 권한다. K 연기가 얼마만큼 발전했는지는 지금 한국 영화 드라마의 위상을 보시면 '라떼'는 쏙 사라질 것이다.

한국인이라면, 미국 메소드를 한국에 맞게 또 필요에 맞게 발전시켰으리라 짐작하실 수 있어야 한다.

셋째, 멘탈 관리가 된다.

역시 필자의 경험이다. 종종 엄마들 눈빛은 무기력하고 영혼이 없어 보인다. 자기를 위해서 사는 게 아니라 자꾸 식구들을 위해서 살게 되기 때문이다.

연기하면 멘탈 관리가 된다.

자기 이야기를 만들어서 연기로 자기 이야기를 하는 거다. 함께하는 동료에게 자기 이야기를 하는 거다. 중요하다.

이렇게 자기를 겉으로 나타내면, 행동이 정돈되고 생각이 떠돌지 않는다.

상대에게 관심을 이동하고 계속해서 움직이면 정신이 맑아지는 것을 체험한다.

다른 사람을 받아들이는 경험만으로 인성이 좋아진다.

넷째, 유니크 하다.

연기 자체는 나를 찾아가는 과정이다. 매력이나 개성이 무뎌지지 않고, 다듬어진다. 세월에 흐려지지 않고 더 도드라진다. 톡톡 튀는 내 개성이 발견된다.

텐션이 연기를 할 때와 안 할 때의 차이가 크다. 안 하면 아이들과 놀 때 반응이 떨어진다. 아이들을 따라가기가 어렵다. 사회생활 할 때, 친구 만나서 놀 때도 마찬가지다. 반면 연기를 하면 텐션이 올라가고 에너자이저가 된다. 센스 있는 리액션을 하게 되고, 자신의 독특함이 발견되고 유지된다.

당신이 연기를 배우는 것이 유니크 한 것이다.

최선을 다해서 운동하면 몸매관리라든지 체력관리가 되는 것처럼 연기도 똑같이 생각하면 된다.

미래에 투자하는 시간, 연기는 최고의 자기계발이다.

리피티션, 임프라브, 알렉산더 테크닉은 삶에 좋은 영향을 줄 수 있다. 그러나 코치 혹은 서포터의 도움 없이 혼자 할 수는 없는 테크닉들이다. 테크닉이 몸에 익을 때 제대로 효과를 발휘한다.

반면, 시나리오를 분석하는 것은 어렵지 않다. 뒤에 누구나 쉽게 따라 하는 연기수업 5단계 시나리오 파트에서 설명할 것이다. 시나리오, 드라마 대본은 문학에 속하기 때문에 읽어보는 것만으로 얻어진다. 연기를 위한 시나리오 읽기는 강력하다.

세상의 무대가 넓어진다

필자는 시골에서 유년 시절을, 대전에서 학창시절을 보냈다. 온실 속 화초처럼 지루한 시간이었다. 학교, 집, 학교, 집, 한숨이 푹 쉬어질 정도로 단조로웠다. 꾹꾹 눌러 놓았던 열정과 호기심이 연기를 만나 폭발했다. 박차고 나가야 했다. 지금도 어디서 그런 용기가 나왔는지 신기하다.

분명한 사실은 고교 연극부에서의 첫 무대 경험이 원동력이 됐다. 학교강당에서 처음 스포트라이트를 받았던 그 순간을 절대 잊지 못한다. 무대 위에서 객석을 내려다보는데, 세상이 넓어지는 느낌, 가슴이 뻥 뚫리는 기분이 들었다. 짜릿했다.

연극의 무대 위는, 여느 무대와 다르다. 그곳은 또 다른 세상이다. 그곳에선 여고생이 아니다. 덧마루를 쌓아 올린 단위는 미쓰코시 백화점 옥상이 된다. 그곳을 뛰어내리는 남편을 향해 비명을 지른다. 어느새 무대 위는 법정이 되어있다. 살인 누명을 쓰고 신문을 받는다. 작품 속 세상은 신기하기만 하다.

필자의 첫 작품은 '날개'이다. 작가 이상의 소설을 희곡화한 것이다. 열일곱 여고생이 이상의 아내 역을 맡아 열연을 한 것이다.

새로운 세상에 대한 호기심은 누구에게나 있다. 새로운 세상을 여행하듯 작품 속 세상을 탐험한다. 구경이 아니다. 몸과 마음과 감정이 모두 작동하는 리얼한 체험인 것이다. 새로운 사람을 만나고 새로운 환경에서 새로운 일들이 펼쳐진다.

오디션에서 떨어본 적이 없다. 그들이 사는 세상에 어서 들어가고 싶은데 떨릴 일이 뭐있나. 어떻게 하면 따라 들어갈수 있을지 초집중만 하는 것이다.

새로운 세상은 위험한 곳이기도 하다. 두려움이 자리를 잡아버리면 한 발자국 나아가기가 어렵다. 두려움이 생기는 것은 필수 불가결이다. 설렘이 두려움으로 바뀐다. 필자는 이 두려움을 어떻게 다뤄야 하는지 연기훈련을 통해서 배웠다.

Follow your fear! 당신의 두려움을 쫓아라! 두려움은 피하면 눈덩이처럼 커져서 따라온다. 두려움을 자각하는 순간 두려움과 맞서 싸운다. 두려움을 주는 대상에 먼저 공격하고, 힘을 강화시키기 위해 벗어나 살피고, 올바른 선택을 한다. 그 두려움에게 "난 지지 않아" 확실히 알려준다. 자신에게 선택권이 있다는 것을 잊지 마라. 당신은 자유로운 사람이다.

어떻게 세상의 무대에 오롯이 설 수 있는가?

① 당신이 서 있는 세상에 대한 이해를 한다.
② 몸 마음 감정은 당신의 통제하에 있어야 한다.
③ 지금 무대공포증에 빠져있는 것은 아닌지 체크 한다.

어떻게 세상의 무대에 뻗어 나아갈 수 있는가?

① 과거의 얽매여있지 않고 문제를 찾아 깨부순다.
② 특별한 공연을 준비하듯 연습을 통해 행동의 효율성을 높인다.

③ 도전하지 않으면 헛수고다. 작은 시도부터 지금 바로 할 수
있는 그것을 한다.

④ 자신은 다른 누구도 아닌 자신이 믿어야 한다. 이유 불문하
고 믿는다.

"공포를 쫓아라!" 그곳에 탈출구가 있다.

타인과
연결고리가 생긴다

"안녕, 거기 있어? 난 니가 보여! 나 보여?"

2013년 필자는 창작 연극을 무대에 올렸다. 제목은 '데스데모나는 오지 않아'이다. 셰익스피어 4대 비극의 여자주인공들이 친구라는 가정하에, 맥배드의 '맥배드 부인', 리어왕의 '코델리어', 햄릿의 '오필리어', 결국 등장하지 않는 오셀로의 '데스데모나' 그리고 로미오와 줄리엣의 '줄리엣'까지 모인다. 맥배드부인네 식탁에 둘러 앉아있다. 하루 만에 자신들의 문제를 풀고 저녁 파티까지 벌인다. 비극적인 운명을 맞이하기 직전 하루의 수다를 담은 연극이다.

필자는 오필리어 역을 맡았다. 연기를 위해 '햄릿'을 읽었다. 오필리어의 마음에 공감할 수 있었다. 극 중에서 오필리

어는 햄릿을 원했다. 햄릿의 사랑의 맹세를 믿었다. 첫사랑
이었고 결혼도 꿈꾸었다. 잘하고 싶었다. 결코 실수하고 싶
지 않다. 아버지의 조언을 따르지만, 되레 햄릿에게 욕설을
듣게 된다.

오필리어　　　"왕자님, 왕자님이 제게 주신 것을 알고 계시지
　　　　　　　요? 선물이 빛나도록 달콤한 말씀도 주셨지요. 하
　　　　　　　지만 지금 그 향기가 사라졌으니 받아주세요. 아
　　　　　　　무리 훌륭한 선물도 주는 이의 사랑이 식으면 초
　　　　　　　라해집니다. 왕자님, 여기 있습니다."

햄릿　　　　　"핫, 핫! 당신은 정숙하오?"

-햄릿 中에서-

맥베드 부인　　"아름답지"

오필리어　　　"근데 햄릿 말이, 아름다움이 정숙한 여인을 매춘
　　　　　　　부로 만든다면서, 세상을 잘못 알고 있었던 한때
　　　　　　　저를 사랑했다고.. 나를 사랑한다고 속인 거라고.
　　　　　　　결혼은 없었던 일로 하자며...."

-데스데모나는 오지 않아 中에서-

'데스데모나는 오지 않아' 연습 당시 32살의 필자는 결혼이 하고 싶었다. 그렇지만 여배우 프레임으로 판단 당하기 일쑤였고, 연애는 원해도 결혼은 원하지 않았다.

난 오필리어의 마음에 반응했다. 마음이 아팠다. 무대에서 뜨거운 눈물이 우리를 위해 흘러나왔다. 오필리어는 얼마나 억울했을까? 사랑하는 이에게 부정당하는 고통을 공감했다. 거기에 우정이 있었다. 등장인물과 배우 사이에 연결고리가 생기면 연기는 정말 재밌다. 인물이 나를 통해 소리와 몸짓으로 나오기에 생생하게 느껴진다.

감정을 공유할 때, 있는 그대로의 내가 있는 그대로의 오필리어를 바라본다. 서로 해줄 말을 해주다 보면 마법 같은 전이가 일어난다. 믿음의 가치가 실현되는 순간이다.

어릴 때 공상을 즐겼다. 내는 봤던 영화와 드라마 속의 인물들과 공상의 나래를 펼치곤 했다. 그 시간을 지나, 배우가 되어 캐릭터 친구를 만난다. 서로 있는 그대로를 보게 된다. 서로 위로를 주고받다 보면 어느새 친구가 되어있다. 친구는 무한하다.

오필리어는 내게 말해줬다. 너 있는 그대로 멋져! 그 어떤 시련이 와도 너를 부정하지 마! 이 말은 우리에게 하는 거야. 날 위해 아파해줘서 고마워!

배우는 연기할 때 혼신을 다한다. 배우가 자신의 성공을 위해 헌신한다면, 관객을 속이기 위해 뜨거운 눈물을 흘리는 거라면, 연기는 그 힘을 잃는다. 단 하나, 심금 울리다. 관객의 심금을 울리기 위해 혼신을 다한다. 그 순간 타인과 연결고리가 생긴다. 마음속 깊은 곳에 묻어 둔 자아의 연결로 서로를 당긴다.

함께 연기하는 상대 배우와 연결고리는 전우의 성격을 띤다. 서로 탄탄하게 연결된 관계는 인물의 역경을 헤쳐 나가는 데 큰 힘이 된다. 입장과 처지가 같은 친구가 함께 한다는 것은 언제나 위안이 된다. 선배배우나 후배배우 할 것 없이 새 작품 앞에선 같이 처음이 된다. 함께 미지의 세계로 여행을 떠나는 것과 같다.

연기를 배우면 생기는
7가지 선물

첫 번째 선물:
인생을 즐길 수 있다

설문조사를 했다. 곧 세상을 떠날 분들이 대상이다. 오픈 테스트로 쓰고 싶은 대로 쓰게 했다. 제목은 '다시 태어난다면 어떻게 살고 싶은가?' 이다. 다섯 가지를 써도 좋고 하나만 써도 좋다. 100가지도 넘는 것이 나왔다. 그중의 상위 3가지를 뽑았다.

첫 번째는 '내 마음대로 살고 갔으면 좋겠다' 이다.

Q: 왜 그렇게 못하셨어요?
A: 여유가 없었지, 지금 와선 후회가 돼.

어떨 때 보통 나는 여유가 없어, 라고 생각할까? 다른 이의 상황을 살필 여유가 없을 때이다. 억지로 만들어야 한다. 그렇지 않으면 내 상황도 살피기가 어려워진다.

연기한다는 것은, 다른 것을 보고 다른 사람들을 구경하고 다른 사람이 되어보는 것이다. 그것이 나에게 여유를 준다. 풍성해진다. 지혜가 생긴다.

두 번째는 '풀고 싶다' 이다.

Q: 무엇을 풀고 싶은 거예요?
A: 맺힌 걸 풀고 살고 싶은 거지, 살다 보면 사람 관계에서 맺힘이 생기잖아.

주로 안에 맺힐 때는 언제인가? 살펴보면 얽매이는 삶을 살수록, 부정적인 상태에 빠져있을수록, 안 좋은 일이 자꾸 생길수록, 자기감정에 의해서 맺힌다.

거기서 한 발짝 나와서, 주어진 상황을 나한테 유리하게 살피는 것이 중요하다. 친구에게 조언해줄 때처럼 우선 한 발짝 나와서 객관적으로 보는 것이다.

'만약에' '이런 것일 수 있지 않을까?' '나중에 이런 식으로 나에게 좋게 돌아올 수도 있지 않을까?' 유리하게 해석하는 것이다.

열심히 연기하고 집에 돌아올 때 고요해지는 나를 발견하게 된다. '만약에'라는 생각으로 이어지고 '지금 내 상황도' 하는 여지가 생기게 된다.

세 번째는 '**나누고 살고 싶다**' 이다.

Q: 언제 어떻게 도움을 주고받으면 좋을까요?
A: 사는 동안, 신세를 지고 신세를 갚고 이게 뒤섞여서 살아가는 거예요. 창의적으로 살 때 나누면 돼요.

창조적인 순간을 사는 연기행위는 이렇다.

① 아주 딱딱하게 굳어져 있는 것을 유연하게 말랑말랑하게 만든다.
② 툭 하고 나와져야 한다.
③ 연기가 바라고 있는 것은 당신이 바라고 있는 것이다.

재미있는 여정이고 뜨거운 여정이고 한번 해보면 절대 사라지지 않을 경험이다. 연기 작업 곳곳에 자리하는 창의성을 모두 설명하려고 애쓰며 이 책을 쓰고 있다.

설문내용과 연기가 무슨 상관이 있을까? 생각할 수 있다. 필자는 분명히 말할 수 있다. 연기한다고 저절로 되는 것은 아니다. 먼저 원해야 한다. 내가 즐기길. 내가 풀길. 내가 나누길. 먼저 원한다면, 하게 되는데, 연기가 연습이 되고, 실험이 되어준다는 거다. 연기만 한 게 없다는 것이다.

연기를 배우면 생기는 첫 번째 선물은 '인생을 즐길 수 있다' 이다.

Q: 다시 살면 어떻게 살고 싶으세요?
A: 좋아하는 거하고 살고 싶어, 즐기면서. 남한테 폐만 안 끼치고, 즐겁게 살고 싶어.

두 번째 선물:
세상을 깊고 넓게
경험할 수 있다

연기는 곧 여행이다.

'연기 한다'를 '여행'에 비유하곤 한다. 새로운 세상에서 새로운 사람을 만나고 낯선 경험을 하고 그 속에 스토리가 쌓인다는 공통점이 있다. 사람이 할 수 있는 가장 고차원적인 놀이는 '연기로의 여행'이다.

특징1) 수고스럽다.

수고를 마다하지 않고 나의 온몸과 마음과 감정을 몽땅 쏟아붓는다. 잘하려고 하지만 않으면 별 탈이 없다. 여행을 욕심부리고 잘하려 하면 위험에 빠지듯 연기도 잘하려 하면 진실한 연기에서 멀어진다.

제자리로 돌아오다. 돌아오면 내가 얼마나 멀리 다녀왔는지 무엇을 느꼈는지 생생히 내 안에 기록되어 있다. 언제나 꺼내 볼 수 있고 누군가에게 이야기해줄 수 있다. 다음에는 더 멀리 가보겠다고 다짐하면서 말이다. 한 인물을 연기하고 보내고 다음 인물을 준비하는 배우의 심정과 알맞다.

연기여행은 우주로도 미래로도 과거로도 어디든 갈 수 있다. 여행을 텔레비전으로만 보면 아쉽다. 나도 가고 싶다. 간접경험은 보고 싶은 것을 보지 못하고 지나쳐버리게 한다. 오감으로 느낄 수 없다. 직접 해보면 어떤가? 그 생생함이 온전히 전해지고 눈가에 물기가 어린다. 연기를 보지만 말고 체험하라. 수고로울 수 있다. 기꺼이 하는 거다. 캐리어 대신 상상력만 준비하면 된다.

특징2) 하나로 연결되어 있다.

진리와 진실이 하나로 연결되어 있다. 지구는 하나로 연결되어 있고, 작품은 하나의 목적으로 연결되어 있다. 연기도 순간의 진실로 경첩 된다. 맞고 틀리고를 따질 수 없고 그대로 두면 시간이 지나 의미를 발하는, 결국 인생으로 회귀한다.

델마와 루이스의 여행은 우리에게 보여준다. 그녀들은 계속 가기로 한다. 그녀들이 탄 자동차는 마지막 장면에서 하늘을 나는 듯하다. 자신의 방향을 그대로 두는 것이다. 합의를 구하고 약속을 따져봐야 할 것 같지만, 그보다 먼저 진실과 진리가 작동해야 한다. 땅이 있어야 하는 곳에 땅이 있고 바다가 있어야 하는 곳에 바다가 있다. 우리는 자유로이 자신이 있을 곳에 자신을 두고, 또 새로운 탐험을 나서는 사람이다.

특징3) 어디까지 해봤니?

너무 멀리 와서 돌아갈 수 없다고 느낄 때, 선택해야 한다. 두 가지 선택지를 다 가질 수는 없다. 이거 아니면 저거, 한쪽은 고스란히 내려놓아야 한다. 선택의 엄중함 속에 중압감이 온다. 선택의 순간이 너무 두려워 그런 순간을 미연에 차단하기도 한다. 이렇듯 삶에서 선택 후 감당해야 할 것들이 많다.

연기에서도 이런 엄중한 선택의 순간들이 온다. 망설여지고 진지하다. 그 순간 진실하게 살아야 한다. 인물처럼 힘겨운 선택을 강행해야 한다. 어렵지만 연습이 있고, 배우를 도와줄 테크닉이 있다. 두루 살피고, 연기로 이와 같은 선택을 할 수 있음에 감사하며 액션 한다.

배우 레디 ⇒ 망설이다 ⇒ 선택하다 ⇒ 액션 ⇒ 피드백

필자는 이거야 말로 정말 배우라는 직업의 묘미라고 생각한다. 왜냐하면, 꾸준한 선택이 사람을 성장시키기 때문이다. 깊이 넓게 경험하게 한다. 자꾸 해보고 연습되어야 실전에서 잘하게 된다. 안전하게 다녀오는 거다. 연기는 그런 것이다. 최대한 안전하게 최대한 멀리 최대한 넓게 세상을 경험하게 하는 것이다. 실험을 연습을 멈추지 않는 것이다.

특징4) 나를 찾아 나서는 여정이다.

안전한 집을 나와 여행을 떠나는 뒷모습은, 무대 뒤에서 무대를 향해 걸어 나가는 배우의 뒷모습과 닮아있다. 왜 떠나야 할까? 왜 추억해야 할까? 왜 뜨거워야 할까? 답은 모두 나를 찾아야 하기 때문이다. 내가 누구인지 알아야하기 때문이다.

특징5) 탐험을 멈추지 않는다.

**목적지에 닿아야 행복해지는 것이 아니라
여행하는 과정에서 행복을 느낀다.** - 앤드류 매튜스 -

연기에 있어서 여행의 의미는 목적지에 도달하는 것이 아니라
흥미로운 무엇을 탐험하는 것이다. - 해럴드 커스킨 -

세 번째 선물:
자신을 뛰어넘을 수 있다

필자는 6세부터 9세까지 혼자 집에 있어야 할 때가 많았다. 조금은 외롭고 무서운 다양한 에피소드들이 있다. 대문 밖에서 울며 엄마를 기다리기 일쑤였고, 집 안에 있는 곰돌이 인형 눈이 무서워 피해 다니기도 했다. 그러다가, 이게 비단 내가 견뎌서 될 문제가 아니란 걸 알게 됐다.

이겨내야 한다. 하고 처음 했던 행동이 30개월 정도 어린 남동생을 잘 돌보는 거였다. 다양한 놀이를 만들어서 같이했다. 시간이 지나 남동생과 분리가 되고, 이제 혼자 있는 것도 무섭지 않은 나이가 됐다. 중학생 때 역시 학교를 갔다가 집에 오면 혼자 있어야 되는 시간이 여전히 생기게 되었다.

그때 했던 놀이 중에 교복을 벗고 언니들 옷을 입어가면서 막춤을 췄다. 그 당시 빠져있던 가요 테이프를 틀고 음악에 감정을 실어 온몸으로 표현하는 시간을 가졌다. 눈물 흘리는 나를 관찰하기도 하였다. 매일 2~3시간을 음악이 바뀔 때마다 그 음악에 맞는 감정이 안에 생기고 그걸 온몸으로 드러냈다.

그 시간은 이전에 혼자 있었던 시간과 다른 굉장히 재미있고 창조적인 시간이었다. 놀이는 바로 성과로 이어졌다. 무용 수업 시간에 선생님이 그룹으로 노래를 정해서 안무를 짜 발표회를 가지는 기말테스트에서 학년 1위를 했다.

우리 팀은 뉴키즈 온더 블록의 노래 'step by step' 이란 노래였다. 나는 거기서 스텝, 스텝, 스텝으로 시작하는 후렴의 동작을 짜 친구들의 호응을 얻어 안무를 전반적으로 맡아 짜게 되었고 제일 앞에서 그 공연을 리드하게 되었다. 내가 처음으로 밖에서 나를 뽐낸 경험이었다.

예쁘게 옷을 차려입고 '스텝, 스텝, 스텝' 하는 안무는, 다릴 어깨너비로 벌리고 서서 양팔과 손가락까지 쫙 피고, 한 스텝에 스타카토로 한 손씩 허리춤에서 올라온다. 다음 스텝에 왼손이 따라오고, 그다음엔 오른손이 얼굴을 가리듯이 다섯 손가락을 쫙 피면서 스텝, 역시 다음에는 왼손이 얼굴 앞 오른손을 가리며 스텝!

고교 시절 연극부가 아니라, 댄스부가 있었다면 지금도 춤을 추고 있을 거다.

혼자 있는 시간 무서워서 집 앞에서 울고 있던 아이는 교복을 입고 춤을 추고 연극부에서 올릴 연극 대본을 뜨겁게 연습하는 시간으로 변하게 되었다. 그리고 지금 혼자 있는 시간 이렇게 책을 쓰게 되었다.

어렸을 때 혼자 두고 나가는 엄마가 참 미웠다. 남동생은 데리고 가도 "넌 혼자 잘 있으니까", "엄마 나 무서운데"라고 표현을 못 했던 거 같다. 기특해하는 엄마를 실망 시키고 싶지 않았던 거 같다. 하지만 그 시간을 차츰차츰 나의 시간으로 극복해냈던 것이다. 그리고 그것이 평생 사랑하는 일 연기로 이어지게 만들었다고 확신한다.

필자는 어린 시절 혼자 있기 싫어서 다른 사람 다른 곳 다른 어떤 것들에 의한 해결책이 아닌 스스로 돌파구를 찾아냈다. 결국 그 돌파구에서 의미를 찾아냈다고 생각한다.

견디기 힘든 순간들이 성장의 발판이 되어준다는 사실을 어릴 때는 몰랐지만 지금 돌이켜보면, 엄마도 이해가 가고 나의 변화와 발전도 잘 보인다. 지켜보며 시간을 갖고 정면 돌파하는 것은 나의 주특기가 되었다.

연기를 배우면 생기는 7가지 선물 중에 세 번째 자신을 뛰어넘을 수 있다. 연기는 흥미로운 고독이다. 춤, 연기는 재미있게 고독을 즐기는 행위이다. 주재료는 바로 자기 자신이다. 마음껏 표출해내면서 갇혀있고 가둬져 있는 자기 자신을 자유롭게 쫙 하고 펼친다. 자기 자신을 들여다보고 자기를 뛰어넘게 되는 성질을 가지고 있다.

요즘은 핸드폰을 보는 시간이 참 많다. 필자 역시도 핸드폰을 보는 시간이 많아졌다. 그러나 다시 돌아온다. 나에게 시간이 많으면, 내 시간이 견딜 수 없을 때, 내가 나를 바로잡고 싶을 때, 내가 내 문제를 해결하고 싶을 때, 여지없이 이쪽으로 돌아선다. "그래 나를 뛰어넘어 보겠어." 지금 내 껍질을 벗기고 홀가분해질 그곳에 나를 둔다.

단단하던 껍질을 벗고 나오면 말랑말랑해진 자신을 발견한다. 상처받기 쉬운 가슴은 방향키가 되어 갈 곳을 비춘다.

괜찮아, 조금 깨지고 모양이 틀어져도 괜찮다, 계속 나아 갈 테니까.

연기는 시간을 많이 빼앗는다. 머릿 속 가득 작품에 대해서 생각하게 되고 마음속 가득 인물에 대해서 생각하게 된다. 그것이 감정으로 차올라 표현하지 않고는 못 배기게 된다.

이 작업은 무의식중에도 내 안에서 이뤄지는 예술행위이다. 잘하려고 성공하려고 하지 않아도, 목적이 뚜렷해야 그렇게 되는 것이 아니다. 예술의 특성이 다만 나를 가만두지 않는 것이다. 당신의 일상에 활력과 재미를 불어넣어 온전히 행동하게 한다. 자신을 뛰어넘는 데 큰 힘이 되어줄 것이다. 필자는 확신한다. 연기를 시작해보라.

네 번째 선물:
책임감과 승리감이 생긴다

배우에게 연기한다는 것은 언제나 도전이다. 매번 새로운 세상에 인물행동을 새롭게 익혀야 하기 때문이다. 알에서 깨고 나오듯, 매번 깨지고 새롭게 태어난다.

인물의 탄생은 고스란히 배우의 책임이다. 해냈다는 승리감과 흡족함은 다른 것과 비교할 수 없다. 배움의 연기는 어떨까? 연기한다는 자체는 차이가 없다. 전문가적 진정성은 연기를 좋아하는 마음으로 채우면 된다. 배움의 연기에서도 승리감과 책임감을 고양 시킬 수 있다.

가장 효과적인 방법이다. 인생을 공부할 수 있고, 삶의 참과 거짓을 공부할 수 있고, 자기 자신을 공부할 수 있고, 다른 사람을 공부할 수 있다. 지피지기백전백승 이다. 그를 알고 나를 알면 백 번 싸워도 백 번 이긴다.

　책임감이 짐처럼 느껴질 수 있지만 책임감은 우리 삶을 의미 있게 해준다. 우리에게 자녀가 그러하듯 우리가 그들을 위해 한 일을 인정받지 못하기도 하지만 우리는 안다. 우리는 즐거움을 얻고 있다. 책임을 다했다는 것은 무엇과도 바꿀 수 없는 삶의 진정한 의미다.

　이성적으로 연기가 남의 이야기라고 생각이 되어도, 몸으로 감정을 사용해서 표현하면 마음이 느낀다. 나의 이야기가 펼쳐지고 있구나. 그 순간 나에게 의미 있게 다가오며, 인물에 대한 연민으로 이야기를 끝까지 책임질 수 있게 된다. 승리감은 자연히 따라온다.

　필자는 왜 다른 사람들에게 연기하는 방법을 나눠주고 싶은가? 질문했을 때, 당신이 다 알아주지 못한다 해도, "결코, 당신이 외롭게 살게 내버려 두지 않겠다."라고 다짐하게 된다.

　흥미진진한 연기를 통해, 순간에 맞서며 뜨겁게 살기를 바란다. 인물을 맡아 인물로 살아보며 자신의 삶을 더욱 사랑하게 되길 바란다. 진정으로 응원하고 있다.

인생에서 다른 사람을 마음속에 품고, 장애물을 뛰어넘기 위해 최선을 다해 노력할 때에, 삶을 활기차게 만드는 에너지가 나온다는 것을 경험했다. 그것을 나누며 살고 싶다.

첫째 아이를 낳고 엄마가 된 100일 후에, 나의 엄마가 하늘나라로 돌아가셨다. 나는 엄마랑 가장하고 싶은 게 연기다. 연기를 알려드리고 싶다. 알고 있는 연기법들을 총동원해서, 엄마와 딸 사이에 생겼던 문제들과 엄마가 살면서 힘들었을 문제들을 연기로 함께 풀어보고 싶다.

이제 엄마는 나의 삶 자체가 되었다. 내가 살아가는 이유이다. 엄마, 첫째 둘째 자녀, 사이에서 연기하며, 연기를 통하여 중심 잡고 살아갈 것이다.

연기를 통해 발견되는 내 안의 보물을 꺼내서 내가 보고 다른 이에게 보이는 것이다. 글쓰기와 비슷하다. 나의 신체를 사용하여 꺼내 놓는 것이다.

배움의 연기에서 장례식 엑서사이즈를 했었다. 조금 긴 테이블을 놓고 하는, 준비는 간단하지만 내용은 굉장하다. 이곳은 장례식장이고 테이블 위에는 다름 아닌 내가 수의를 입고 죽은 채 누워있다. 그 옆에 서 있는 나는 나의 딸 역할을 한다. 상상력으로 연기 중인 나는 딸이 되고 눈앞에 엄마인 내가 누워있다. 시작은 "저는 여기 돌아가신 ○○의 딸입니다"라고 관계를 밝히고 시작한다.

그 당시 엄마를 잃은 아픔이 마음속에 크게 자리하고 있었다. 그 아픔을 연기하는 것 자체가 고통이였다. 그러나 연기를 마치고 머리가 맑아지고 들어와 앉았을 때 마음이 소리쳤다. "정신차려야 한다." 이 아픔을 내 딸이 느끼게 할 수 없다. 진지한 책임감이 느껴졌고, 내 아픔의 진짜 정체를 확인하고는 승리감이 들었다. 그래, 아파하고만 있지 말자. 일어서야 한다. 어떻게는 모른다. 하지만 정체를 확인하니 이겨낼 수 있다는 확신이 들었다.

연기에 감사했다. 또다시 나를 구원하고 있었다, 나의 연기에 감동받은 동료들은 찬사를 아끼지 않았다. 모두에게 자신이 얼마나 소중한지 느낄 수 있는 시간이었다. 자신을 사랑하는 사람의 사랑 또한 헤아려 볼 수 있는 시간이었다. 연기력이 향상하는 것은 보너스이다.

연기에서는 모든 것이 가능하다.

다섯 번째 선물:
삶의 수준이 달라진다

우리가 어떨 때 '수준이 다르다.'라고 말하나? 연기를 배우면 왜 삶의 수준이 달라질까? 삶의 수준이 달라진다면, 살던 대로 살게 되지 않는 것인가? 삶에 어떤 변화가 생길까?

연기를 배우면 습관을 바꾸는 정도가 아니다. 연기를 통해 자신을 이동시키게 된다.

'연기한다.'를 예를 들어 표현한다면.

잠시 당신은, 당신이라는 집을 비우고 나오는 거다. 다른 집에 '똑똑' 노크하고 들어가는 거다. 연기하는 동안에는 당신 집에서 나와 있는 것이다. 연기는 당신의 집을 바꾸거나, 당신을 바꾸게 하려는 게 아니다. 당신을 수정하고 싶은 게 아니다.

그대로의 당신에서 나왔다가 다시 들어갔을 때, 그대로인 당신 집이 달라 보이고 달리 느껴지는 것이다. 가령, 독립해 나와 살다가 엄마 아빠와 살던 고향집에 가보면, 고향집은 그대로인데 본인은 전과 다르게 느끼는 것과 흡사한 기분이다.

내 집을 나와서 들어가는 집은 어떤 집인가. 그 집은 여러 사람이 최선을 다해 함께 만든 집이다. 그리고 수많은 사람에게 오픈되는 집이다. 수많은 사람은 그 집을 보고 감명을 받는다.

우리는 구경만 하고 있었다. 그런데 연기를 직접 하면 그 집을 들어가게 되는 거다. 방문하게 되는 거다. 그리고 내 집인 양 맘껏 누리는 거다. 심지어는 내 집인 줄 착각이 일어날 정도로 푹 빠지게 된다. 그 안에서 다양한 감정을 느끼고 감정이입 상태가 된다.

새로이 머물던 집에서 나오면서 감정이입 상태는 비워진다. 자기 자신으로 돌아와 자기 집으로 돌아간다.
내 집은 나에게 편안함을 준다. 이전과 달리 나의 문제들은 가볍게 느껴진다. 이유는 여러 가지가 있다. 환기했기 때문이고 나의 집도 차츰 객관적으로 보이기 때문이다. 집에 집착하지 않는다. 바쁘면 집에서는 잠만 자는 것과 같다. 서서히 자신도 모르게 성큼 성장해 있는 자신을 발견하게 된다.

당신이 눈여겨보던 집부터 들어가 보길 권한다. 호기심을 가지고 들어가면 된다. 모두에게 열려 있다. 우리는 그 집에서 희로애락을 배우게 되고 관계의 불균형인 갈등을 배우게 되고 또 품격이 있는 말치레를 배우기도 한다.

우리는 스스로 원하는 사람으로 변하고 또는 우리가 원하지 않는 사람으로 변하지 않도록 조심해야 할 필요가 있다. 그러기 위해 관찰해야 하고 분별할 수 있어야 하며 살아있어야 한다.

'나는 이래' '내 삶은 이래' 내' 삶의 수준은 이래' 이렇게 자신을 정해놓지 않는다. 자신의 스펙트럼을 알고 나아가는 것이다.

나아가 다른 사람과 이심전심을 경험한다. 연기 활동의 많은 순간에 마음과 마음으로 서로 뜻이 통한다. 사랑하는 사람과 가능하던 마음의 교류가 모든 사람과 가능해진다. "나는 연기하는 사람이다." 라는 인식이 다른 사람과의 관계를 형성하는 태도에 큰 영향을 미친다. 수많은 연기 테크닉은 이 태도에 따라 모양을 달리한다.

연기한다는 것은 역지사지의 연속이다. 거지가 왕자가 되고 왕자가 거지가 되어보는 것처럼 서로의 입장을 이해해 보는 것이다. 다양한 캐릭터를 이해해 몸으로 표현한다. 다른 사람의 처지에서 생각하는 능력이 향상된다.

수준이 달라지면 기준점이 다양해진다. 더 많은 사람을 이해하고 포용할 수 있게 돼 자신을 자유롭게 둘 수 있다. 남들의 시선이 더 이상 두렵지 않다. 남들을 이해하면서 튼튼한 자아를 보전할 수 있다.

튼튼한 자아는 기회 앞에 자신을 놓는다. 자신을 기다려주고 관찰한다. 결과보다 과정을 중시하며 탐험을 멈추지 않는다. 결과는 책임지면 된다. 상관없다고 스스로에게 말한다. 그리고 행동한다.

가장 풍부한 삶은 감정적으로 발달한 삶이다. 그런 삶은 증오나 사랑 같은 하나의 감정에 사로잡혀 있지 않다. 연기에서는 감정을 타고 다닌다고 표현한다. 한 감정에 계속 머무는 게 아니라 서핑보드 타고 서핑하듯 감정이라는 파도를 타고 다닌다.

우리가 모든 것을 다 갖춘 사람이 되고자 한다면 다양한 감정과 욕망을 경험해 보아야 한다는 사실을 잊지 말아야 한다.

여섯 번째 선물:
자신만의
삶의 철학이 생긴다

사람 한명 한명은 참 귀한 존재다. 배우는 등장인물을 마치 도자기를 빚듯이 만들어 세상에 내는 사람이다. 배우는 자기 힘으로만 사는 게 아니라 다양한 인물들과 섞이면서 성숙해진다. 훌륭한 배우가 나이를 먹을수록 아름다운 자태를 뽐내게 되는 것을 목격할 때가 있다. 자신만의 삶의 철학이 생기기 때문이다.

배우는 수많은 삶을 다루어 보는 일을 하는 직업이다. 그속에서 많은 깨달음을 얻게 된다. 그리고 또 그 임무를 수행하는 과정에서 많은 공부를 하게 된다. 인물에 대해서 조사하고 그 시대에 대해서 공부한다. 인물이 아는 것을 알려고 노력한다. 자료조사라고도 하고 리서치라고도 하고 분석이라고도 한다.

감정적 준비로는 인물을 온전히 몸 안에 담아 내기위한 노력이 있다. 자연스러운 표현으로 이어지기 위해 자의식과 싸우기도 한다. 인물의 행동들을 무의식적으로 평가하지만, 그 행동을 받아들여야 연기표현이 가능하기 때문에 그 속에서 갈등이 생긴다. 그래서 배우마다 인물을 마주하는 방법이 다르다.

배우는 점점 자기를 비워야 한다. 그 인물을 온전히 받아들이기 위해서 이해해야 한다. 공감을 넘어 연민한다. 인물이 선택한 그 과정을 그대로 따라 선택한다. 그 선택에 따른 결과를 몸으로 책임져 배우가 받아줘야 된다. 거기까지가 되어야 연기결과물이 나오게 된다. 그리고 일정 부분 사람들의 평가까지 감당할 수 있어야 한다.

또 배우 자신의 내적 상태가 온전할 수 있게끔 관리해야 한다. 항상 내가 이것을 왜 하는지 질문을 한다. 경계해야 할 것도 많다. 내 개인적인 성공, 욕심, 두려움까지도 꾸준히 경계해야 한다.

배우에게는 자신만의 철학이 생긴다. 남의 인생을 공부했으니까 자신의 인생을 잘 살고 싶은 욕구가 저절로 생긴다.

자신의 삶 또한 조화를 이루면서 서로 보완해 발전하고 싶다. 이 와중에 배우는 터지고 깎이고 다듬어진다. 상처받고 그 상처가 아물어 더 단단해진다. 마치 자연의 풍화와 같은 삶인 것이다.

더 이상 연극이 사람을 변화시킬 수 없다. 필자는 감히 그렇게 생각한다. 그러니 직접 연기를 해서 자신을 변화시켜야 한다. 명작은 영원하다. 명작이 극장에 걸리지 않는다면 기다릴 필요가 없다. 스스로 명작을 읽고 자신의 말로 뱉고 행동해 보면 된다. 그것이야말로 오래오래 기억될 것이다. 어쩌면 그렇게 연극의 맥을 이어갈 수 있을지 모른다.

대단하지 않은 필자의 삶의 철학 하나를 밝힌다. 이 세상 모든 사람이 하나님까지도 모른다 할지라도 나는 나를 알고 있다. 내 생각 내 마음에 생기는 모든 일, 그것들을 속일 수 없다. 내 모든 것을 책임지는 사람은 오직 나뿐이다. 의지의 힘이 커진다.

이 철학이 필자에게 주는 꾸준한 영향은, 알아차리는 감각이다. 자신이 자신을 가장 잘 알고 있다는 전제가 있다. 마음의 소리를 들으려 한다. 그 소리를 따르기로 선택하면 책임은

각오한다. 자신에게 당당해지기 위한 원칙이다.

내가 나를 속였는가? 라는 질문을 할 때 가장 아프다. 그럴 때 나에게 이야기해준다. 원하는 것은 이것이고, 다시 방향을 잡고 가면 된다고. 문제없다고. 가는 중이라고. 담담하게 말한다.

자신만이 자신을 알 수 있다. 자기도 모르는 자기에게 아무도 관심 없다. 나는 나의 역사이다. 나는 나를 속일 수 없다. 세상의 중심인 나에서부터 뻗어 나간다.

일곱 번째 선물:
성공할 수 있다

　연기를 배우면 생기는 일곱 가지 선물 중에 일곱 번째 선물이 '성공할 수 있다' 이다. 1000%, 10000%, 10000000% 확신한다. 성공 할 수 있다. 더불어 연기를 통해 인생의 의미를 찾아간다.

　성공은 종합적인 의미일 수밖에 없다. 성취와 성공은 다르다. 성취는 성공의 부분이고 성공은 성취의 총합이다. '어떻게 사는 게 중심을 잡고 잘사는 것인가' 라는 질문에 작가 유시민이 답했다.

　"본성대로 살자. 나의 본성을 잘 표현해가면서 살아가는 인생이 좋은 삶이다." 공감됐다. 본성에는 두 가지가 있다. 모든 인간이 가지고 있는 본성과 우리들 각자가 조금씩 다른 나만의 본성인 개성이 있다.

인간의 본성인 일, 놀이, 사랑, 연대 이 네 가지를 고루 갖춰야 한다고 강조한다. 개성은 나로서 인간본성 네 가지를 어떤 내용으로 어떻게 결합 되느냐로 구분된다. 본성과 개성이 모두 잘 표현되어 지면서 자연스럽게 자신의 중심을 잡고 사는 것이 좋은 삶이다.

이 세상 모든 이야기는 이 본성과 개성에 대한 것들이다. 연기가 어떻게 본성과 개성을 이끌 수 있는가? 꾸준히 성찰해온 필자의 주장은 다음과 같다.

본성 요소마다 중시하면서 서로서로 영향을 미칠 수 있는 활동이 연기 활동이다. 사랑의 연기술로 배우면 최고다. 놀이 중 최고는 연기 놀이다. 자신이 잘 드러날 일을 발견하는 데 도움을 줄 뿐 아니라, 경쟁을 넘어 연대감으로 한마음이 되어 서로 응원할 수 있다.

연기는 굉장히 우리 삶의 소중한 기술이다. 인류가 발전해오는 동안 함께 성장 발전해 왔다. 꾸준히 사랑받아 왔다. 우리가 연기하며 사는 것을 들키지 않으려고 하지만 절대 소홀하게 생각하지는 않는다. 필자는 자신있게 강화시켜 보기를 권한다.

필자가 스무 살에 처음 MBC 공채탤런트로 선발되고 일 년도 채 지나지 않아서 베스트극장 주인공으로 캐스팅 되서 연기했다. 70분 드라마를 원탑 주인공으로 재미있게 살아냈다. 지금 봐도 손색이 없다. 실제로 그때 연기를 배워서 한 게 아니다. 준비된 배우는 아니었다. 연기는 많이 배워야만 많은 경험치를 가지고서만 좋은 연기를 하는 건 아니다.

첫째는 당신이 하고 싶은 작품 인물을 연기하라. 두 번째는 당신이 배우고 싶은 퍼포먼스를 기억해둬라. 세 번째는 반드시 연기에서 얻은 걸 삶에 적용해보라. 당신 삶의 변화를 이끌어낼 것이다.

재미있는 사람이 성공한다. 시도하고 행동하는 사람이 성공한다. 무한 도전하는 사람이 성공한다. 수정 보완하는 사람이 성공한다. 다른 사람의 피드백을 흘려듣지 않고 자신의 퍼포먼스에 녹여낼 수 있는 사람이 성공한다.

목적을 이뤄내는데 몰입한다. 오감을 열고 준비된 자세에서 레디 액션 한다. 성공하지 않을 리가 없다. 경계해야 할 것은, 반복해서 하는 실수와 의심 없이 하는 좌절이다. 상처 앞에서 위축되지 말자.

우리에게 새로운 도전이 기다리고 있다. 만나보지 못했던 작품 속 인물 사건 배경에 설렌다. 다양한 연기법, 연기술이 있다. 우리의 연기의 목적은 될 수 있는 대로 많은 삶을 살아보려는 것이다. 여러분을 기다리고 있다. 함께 성공된 삶을 살자. 우리 함께 연대해서 같이 나누고 즐기고 서로를 바라봐주며 살자. 그것이 중심을 잡고 잘사는 성공된 삶이다.

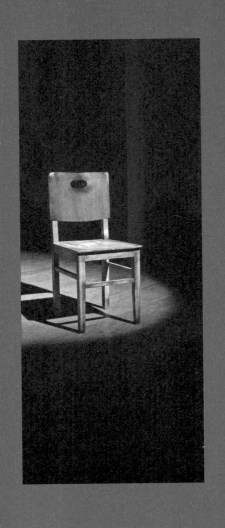

누구나 쉽게 따라 하는
연기수업 5단계

1단계:
너의 모든 것을 열어라
_ 오픈

'풀어헤치다' - 속마음을 거침없이 털어놓다'

"너의 모든 것을 열어라"라는 말은 "나를 풀어헤치다"라는 말과 같은 말이다. 왜 나를 풀어헤쳐야 할까요? 꽁꽁 싸매어 놨던 나를 풀어헤쳤을 때 생기는 효과는 무엇일까요?

자신을 끄집어내 보여준다는 게 무모하게 생각되겠지만, 꽁꽁 싸매고 있는 게 무모한 것일 수 있다. 아기의 경우를 보면 알 수 있다. 아기는 태어나면 속싸개를 사용해서 누에고치처럼 꽁꽁 싸맨다. 왜냐면, 막상 세상 밖으로 나오니 불안정한 거다. 여전히 엄마 뱃속에 있다고 느낄 수 있게 싸매면 안정감을 느낀다. 또 아기들은 감정 동요가 될 때, 울 때, 엄마품속에 안기면 잘 진정된다. 금세 편안한 상태가 된다. 그러나 속싸개 안에서는 성장할 수 없다.

　꽁꽁 동여매길 그만해야 하는 싸인 또한 아기로부터 나온다. 자꾸 팔을 꺼내놓고 몸을 비비 꼬고, 싸려 들면 운다. 팔다리가 속싸개에서 삐져나온 채로 좋다고 버둥버둥 거리며 놀고 있다면 때가 된 거다. 속싸개와 이별이다.

　속싸개와 이별 후에 가끔씩 깜짝깜짝 놀랄 때면 지그시 가슴을 눌러주고 엄마 목소리를 들려준다. "괜찮아, 괜찮아 엄마 옆에 있어." 이제 아기는 불안정감을 조절하게 된다. 스스로 컨트롤 하게 된다.

　속싸개를 거부하고 세상에 대한 호기심을 맘껏 채울 때 아이가 자라난다. 자신을 오픈해서 탐색하고 탐험하는 시기는, 세상을 엄마 뱃속처럼 안전한 곳으로 만들어 가는 중인 것이다.

📽 풀어헤쳤을 때 생기는 효과

다가가기다. 그에 앞서 다가오게 된다. 자기를 풀어헤치는 사람에게 사람은 다가간다. 왜냐하면 풀어헤치는 사람에게는 경계를 덜 하게 되기 때문이다.

풀어헤침에서 시작된다. 먼저, 나에게 다가가기. 다음, 남에게 다가가기. 내가 열리면 다가가고 싶은 상대가 보인다. 그 상대에게 나를 있는 그대로 둔다. 그러면 상대도 있는 그대로의 자신을 드러낸다. 이것이 연결과정이다.

첫 번째는, '고스란히 내가 나를 봐 준다, 받아준다, 품어 준다' 이다.

화자는 나이고 청자도 나다. 평가하거나 검열하려는 게 아니고 내가 나를 온전히 들여다 볼 수 있느냐가 중요하다. 나를 오픈할 때, 절대 외면하지 않아야 할 사람은 자기 자신 이다.

"너 자신을 알라" 는 말처럼 자기 자신을 알려고 해야 한다. 생각으로 될 것 같지만 doing으로 된다. 생각도 꺼내서 말로 해봐야하고, 감정으로 표현되어야 한다. "아~ 나는 이렇구나" 자각해야 한다. 외부에서 오는 자극에 반응하는 자신을 살핀다. "왜 이러지, 왜 이러지?" 이럴 때 차분히 들여다볼 수 있어야 한다. "이 눈물은 어떤 거지?" "이 웃음, 이 미소는 어떤 거지?" 분명하게 알 수 있어야 한다.

배우는 일상의 인지를 통해, 연기할 때 '쓸수 있겠다'를 감지한다. 이와 같은 울음, 미소, 웃음이 필요할 때, 재생산이 가능하기 때문이다. 분명히 알고 있을 때만 가능하다. 그 미묘한 차이를 구분할 수 있어야 한다. 연기에 쓸 수 있다는, 내 필요에 의해서 자신을 적극적으로 활용할 수 있다와 같다. 자신을 디테일하게 인지해 활용법을 터득한다.

'다가가기'의 두 번째는, '다음에 오는 건 아무도 모른다'는 거다. 당신이 오픈할 때, 상대가 어떻게 반응할지를 미리 알 수 없다. 하지만 자신의 속마음을 털어놓지 않으면 아무것도 일어나지 않는다. A와 B가 있다. 서로 아무것도 꺼내어 놓지 않는다면, 교감이 이루어지지 않는다. 아무 일도 일어나지 않는다.

서로가 오픈하고, 영향을 주고받게 되면, 사이에 뭔가가 쌓인다. 그 형상이 굉장히 잘 맞을 때가 있다. 그럴 때 정말 신난다. 인간관계에서 주인이 되어 자신이 원하는 방향으로 관계를 쌓아가면 된다.

　　성장한다는, 저지르고 책임지는 것이다. 점점 자기 자신을 신뢰하게 되고, 관심 있게 지켜본 주변인이 신뢰하게 되고, 잘 모르던 사람도 신뢰하게 된다. 그 힘을 받아 또 자기 자신을 더 과감하게 용감하게 오픈할 수 있게 된다.

▦ 오픈하는 방법

1. 잘한 일 and 칭찬하기 '주고받기'

　　오늘 자신이 잘한 일 3가지를 말하기, 잘 듣고 진심으로 칭찬하기, 서로 연결되는 엑서사이즈

■ 훈련순서

1.　서로 바라본다.
2.　오늘 하루 동안 자신의 잘한 일 3가지를 상대에게 솔직하게 말한다.
3.　상대는 잘 듣고 디테일하게 칭찬과 축하를 한다.

4. 상대의 칭찬을 받아들인다.

5. 상대의 잘한 일 3가지를 잘 듣는다.

6. 상대의 잘한 일을 인정해주고 받아들인다. 칭찬과 축하를 아끼지 않는다.

카페에서 친구를 만나 바로 할 수 있는 엑서사이즈 이다. 근황 토크와 다른 점은 지금부터 잘한 일을 말하기로 하고 칭찬을 하기로 하는 서로 약속하에 행해지는 행위다. 거기에 불필요한 감정이 생기지 않는다는 것이 차이다.

잘한 일을 말하기위해서 자신의 하루를 돌아보고 좋게 해석하게 된다. 칭찬을 받으면 응원과 위안이 따라오게 된다. 서로의 하루에 관심을 갖게 되고, 지금부터 둘의 시간은 돈독해진다. 상대의 컨디션이 이해되면 그다음 나의 행위에 영향을 미친다. 연결된 상태에서는 서로가 허락된다.

2. 미러링 엑서사이즈

■ 미러링 엑서사이즈의 두 가지 목적

· 자기 생각은 잠시 접어두고 현재에만 집중하게 해준다.

· 한 사람에게 주목하는 것만으로 그 사람과 온전히 교감

할 수 있다.

■ 훈련순서

1. 전신을 보기위해 거울 앞에 서듯, 두 사람이 마주선다.

2. 시선은 고정하고 한 사람이 먼저 움직인다. 다른 사람은 그 대로 따라간다. 거울이 돼 준다.

3. 이어, 거울이었던 사람이 자연스럽게 움직임을 리드하며 스 위치 된다.

4. 1분 정도씩 리드하고 스위치, 10분 정도 번갈아 가며 진행, 몇 번 하다 보면 스위치 싸인은 따로 필요 없다. 저절로 된다.

5. 손-팔-머리-다리-몸 순으로 자유롭게 움직인다. 상대가 잘 따라오는지 순간순간 체크하며 배려한다.

서로의 눈을 보고 호흡을 느끼며 몸이 따라가면, 점점 내 머 릿속 생각은 비워진다. 상대에게 넘어가서, 네가 나인지 내가 너인지 모르게 가까워진다. 특별한 기술 없이 누구나 할 수 있는 유용한 훈련법이다.

🎞 나의 모든 것을 받아들인다

배우들은 아우라가 있다. 자세히 들여다보면 자신을 살짝살짝 풀어헤치고 자신감 있는 행동이 아우라다. 느낌이 있다. 그래서 사람들의 눈길을 사로잡고 호감을 얻게 되는 것이다. 이 과정을 모두 인지한다. 받아들일 준비가 되어있기 때문이다.

받아들일 공간이 필요하다. 공간은 안팎으로 생겨야 하는 필요충분조건이다. 자신을 기다려주면 그사이 자기 안에 공간이 생긴다. 그 공간으로 밖에 에너지를 흡수해 곧바로 발산한다. 아귀가 맞을 때를 기다려야 한다.

'my time'은 여러 가지 의미를 내포할 수 있다. 나를 기다려주기, 나에게 기회 주기, 내가 주인, 이란 인식을 가지면 내 안에 공간이 생긴다. 또한 나를 둘러싼 밖으로도 공간이 생긴다. 이 공간은 침범당하지 않는다.

자신의 모든 것이 아우라다. 자신의 모든 것을 받아들이고, 중심이 바로 서게 하라. 자신을 사랑하는 것이고, 자신을 인정하고는 것이고, 자신을 믿는 것이며, 자기 계발을 멈추지 않는 것이다.

2단계:
시나리오와 친해져라
_ 시나리오

　서점에 예술 분야 한 벽 전체에 드라마 대본집과 영화 시나리오 북이 자리하고 있다. 최근에 히트한 드라마 '갯마을 차차차' 대본집은 종합 베스트셀러 1위에 올랐다. 더 세세히 알고 싶고 더 꼼꼼히 간직하고 싶은 드라마 팬들에게 선물이 될 것이다.

　연기가 궁금한 독자들에게 선물이 될 연기수업을 시작하겠다.

　필자의 연기수업 목적은 이것이다.
　첫째, 독자가 연기를 손쉽게 즐길 수 있도록 한다.
　둘째, 연기수업 5단계가, 독자에게 경험으로 이어질 수 있게 한다.

🎞 시나리오는 무엇인가?

희곡, 드라마 대본, 영화 시나리오는 연기를 위한 책이라는 공통점이 있다. 시나리오라고 통칭하기도 한다.

여러분이 시나리오를 본다면, 온전한 작가와의 만남이 이루어지는 것이다. 시나리오를 문학으로서 접하는 것뿐 아니라, 당신의 감정을 불러일으킬 것이다. 시나리오는 배우와 스태프의 감성을 자극한다. 그러므로 여러분의 감정을 불러일으킬 것은 자명하다.

시나리오를 소리내서 읽으면 감상에만 머물지 않고 실행력이 탑재된다.

■ 행동하고 싶은 글

숙희　　백작, 그 개새끼가 그렸어요. 이거? (끄덕이는 히데코, 한 페이지 넘기는 숙희, 읽지도 못하는 글자들을 뚫어지게 들여다보며)....그동안....이딴 걸 읽어 줬던 거예요, 그 더러운 늙은이하고 그, 그....남자 놈들한테?

대답 대신 눈물만 주르르 흘러내린다. 책장을 움켜쥐는 숙희, 반사적으로 말리려드는 히데코의 손길을 뿌리치고 거칠게 찢어 버린다. 다른 책도 뽑아 본다. 여기저기 춘화들을 찾아낸다. 돌아 보자 히데코, 웃으며 고개 끄덕인다. 책장을 마구 찢어낸다. 떨면 서 지켜보는 히데코. 이책 저책 꺼내 마구 찢어대느라 얼굴이 붉 어지고 숨이 가빠지는 숙희. 광기로 번들거리는 숙희의 눈동자.

<정서경, 박찬욱의 아가씨에서 숙희 역, 히데코 역>

■ 표현하고 싶은 글

수혁은 태영의 손을 자신의 가슴에 가져다 갖다 댄다. 태영은 영문을 몰라 하고...

수혁	이 안에... 너 있다.
태영	...
수혁	니 맘 속에 누가 있는지 모르지만...
	내 맘 속에 너 있어

<김은숙의 파리의 연인에서 수혁 역, 태영 역>

■ 말하고 싶은 글

톰	난 어떨 거라고 생각하세요? 참을 수 있을 거라고

생각하세요? 그렇겠죠. 그럴 거예요. 엄마는 내가 하고 있는 일, 내가 하고 싶어 하는 일 따위는 관심도 없으니까요. 어머니는 중요하게 생각하시지 않겠지만 하고 싶어서 하는 일하고 어쩔 수 없이 하는 일 하고는 엄청난 차이가 있다구요. 난 내가 하는 일이 맘에 들지 않아요. 어머니는 내가 그 놈의 창고에 환장한 줄 아세요? 내가 그 양화점을 좋아하는 줄 아세요? 어머니는 내가 거시서 평생을 살 거라고 생각하세요? 베니다판과 형광등만이 달린 그 창고 속에서?

<테네시 윌리엄스의 유리동물원에서 톰 역>

■ 목적을 이루고 싶은 글

윤희   당신만 뜻하는대루 목적대루..거칠 것없이 달려
　　　　 가구 이루라는 특권 없어....
　　　　 당신 부셔버릴 거야.

동우   .....(보며)

윤희   어떻게 하는 게 당신을 젤....힘들게 만드는 건
　　　　 가...생각 중야.

<김수현의 청춘의 덫에서 윤희 역, 동우 역>

8. 철교 위(외부, 낮)

철교 한 가운데 서 있는 영호. 그 자리에 꼼짝 않고 선 채 말없이 아래를 내려다보고 있다. 철교 아래에서 뭔가 아우성치는 친구들. 극단적인 Long Shot. 점점 육박해오는 기차소리.

천천히 하늘을 쳐다보는 영호의 얼굴. Close Up. 다시 뭔가 소리를 지른다. 그러나 그 소리를 기차의 요란한 기적소리가 덮어버린다. 들리지 않은 소리를 절규하는 그의 얼굴에서 Stop. 천천히 Fade out된다. 화면이 어두워지면서 기차소리는 점점 낮아진다. 수초 동안의 암전 상태에서 기차 소리가 사라지며 맑고 잔잔하며 평화로운 음악이 흐르기 시작한다.

9. 달리는 열차(외부, 낮)

짧은 F.I과 함께, 달리는 열차의 정면에서 보는 시점 샷. 빠르게 다가오고 있는 끝없는 철도 침목들과 선로 좌우의 풍경들. 자세히 보면 풍경 속의 움직임이 거꾸로라는 것을 알 수 있다. 이를테면, 하늘을 나는 새떼들이 역동작으로 철로 옆 숲으로 내려앉는다. 마치 기차가 과거로, 과거로 달려가듯. 십 초 정도 계속되다가....., 다시 암전.

(미리 말해두지만, 이제부터 영화는 시간을 거슬러 과거로, 과거로 흘러가게 될 것이다. 하루 전, 한 달 전, 또 이년 전, 오년 전......그리하여 마침내 20년이라는 시간을 역류해서 마지막엔 20년 전의 어느 순간, 한 인간의 인생에 있어서 가장 아름답고 순수했던 때의 모습에서 멈추게 될 것이다. 말하자면 우리는 마치 사진첩의 맨 뒷장에서부터 거꾸로 펼쳐보듯 한 남자의 20년 동안에 걸친 삶을 돌아보게 될 것이다. 시간이 지날수록 그가 점점 젊어지고, 세월이 만든 오염과 타락의 때를 벗으며 젊음의 순순함을 되찾는 모습을 보게 될 것이다. 마치 두터운 녹을 벗겨낸 은銀식기가 조금씩, 조금씩 그 영롱하고 맑은 광택을 드러내듯이. 이제 우리는 잃어버린 아름다움과 순수한 사랑을 찾아가는 시간여행을 시작한다.)

<이창동의 박하사탕에서 영호 역>

- **해석이 다양해지는 글**

완　　　　할머니 인생을 딱 한마디로 정의하라 그러면 뭐라고 할 수 있을까?

쌍분　　　별거 없지 뭐

완　　　　그럼 삶이 너무 슬프지 않나?

쌍분　　　별거 없는데 슬플 게 뭐 있어? 별 거 없는 인생 이

만하면 괜찮지. 그렇게 생각해야지

<노희경의 디어 마이 프렌즈에서 박 완 역, 쌍분 역>

■ 공감을 불러일으키는 글

은희, 흰 종이에 편지를 쓴다. 방에는 주황색 스탠드 불빛만
이 옅게 비친다.

선생님

잘 지내세요?

스케치북 정말 감사드려요.

나중에 만화를 그리면 꼭 선생님 캐릭터를 넣을 거예요.

선생님은 머리가 짧고, 안경을 낀 괴짜 캐릭터로 나올 거예요.

제 예감에 독자들은 선생님을 많이 좋아할 것 같아요.

사람들이 외로울 때

제 만화를 보고 힘을 얻었으면 좋겠어요.

잠시 멈춤. 다시 써 내려가기 시작한다.

….

선생님, 제 삶도 언젠가 빛이 날까요?

<김 보라의 벌새에서 은희 역>

따라 읽다가 소리 내어 읽게 되는 순간이 있었는가? 다시 돌아가서, 자신의 귀가 분명히 들을 수 있게 소리내 읽는다. 지면에서 떼어 내서 자기 말로 말해보자. 말할 때 올라오는 따뜻한 기운이 영감이고 그 상태에서 나오는 말은 자기말이다. 자신에게 영감을 준 그 인물의 이야기가 궁금하면, 서점 어플을 연다. 책을 주문해서 작품 전체를 읽어본다.

한 번도 시나리오를 읽어보지 않았다면, 처음 보는 시나리오에서 문뜩 발견하게 될 것이다. "네가 나고 내가 너다." 그 값진 순간을 맞이하길 소망한다.

📽️ 시나리오와 친해졌을 때 이로운 점

첫째, 주제 파악이 잘된다.
작가의 메시지에 집중할 수 있다. 시나리오에는 작가의 시대적 소명의식을 엿볼 수 있다. 인물의 됨됨이에 매료되기 쉽다. 인물을 나와 같은 사람으로 보게 된다. 유명배우와 섞이지 않고 자신이 직접 그려 볼 수 있다.

둘째, 작가가 제시한 인물을 나와 결부시킬 수 있다.

인물+배우= 배우가 반응한 인물 & 인물-배우= 독자가 반응한 인물이다. 모두 재미와 의미가 있다. 그러나 독자와 인물의 결합이, 독자의 퍼포먼스에 더 영향을 미친다. 배우가 해석한 인물을 구경하고 모방하기보다, 자신이 새로운 인물 창조를 이뤄 낼 수 있다.

셋째, 인물의 삶을 탐구할 수 있다.

흠모하는 위인의 전기를 읽듯이, 연구해보면 득이 될 인물을 선택적으로 받아들여 보라. 자신이 꿈꾸는 미래의 이상형을 하고 있는 인물은 반드시 시나리오랑 친해지자. 그 인물을 연기해보길 권해드린다.

넷째, 나의 미해결 과제와 비슷한 상황을 극복하는 인물을 본받을 수 있다.

예를 들어, 나는 부모님과의 갈등을 극복하지 못하고 있다. 부모님과의 갈등을 해결해나가는 드라마 나 영화의 작품을 연구한다. 머릿속에, 입에, 마음에, 담고 표현해본다면 내 문제의 해결책을 발견할 수도 있다. 카타르시스로 해소되는 경우는 아주 많다.

다섯째, 가장 읽기 쉬운 책이다.

시나리오가 왜 더 읽히기 쉬울까? 예를 들어, 내가 드라마 한편을 굉장히 재미있게 봤다. 드라마 속 세상이 나의 호기심을 충분히 자극했다. 드라마를 보면서 무의식중에 평가도 내리고 있었다. 작품의 의의와 의미는 보면서 찾았을 것이다. 시나리오를 읽으면 달리 해석을 한 번 더 하게 된다. 시나리오를 자세하고 빈틈없이 꼼꼼하게 즐긴다. 책 읽는 것이 행복의 연장이다.

소설의 한 구절을, 시 한 소절을 외우던 때에서 드라마 대사를 외우고 유행어가 만들어지는 시대적 변화에 맞추어 시나리오와 친해져야 한다.

🎞️ 시나리오 분석법

1. 가깝게 느끼기

누구나 인생의 첫 책은 자기소개서이다.

얼른 후다닥 당신을 주인공으로 인생 시나리오 한편을 써

보라. 무엇을 쓰겠는가? 무엇이 전달돼야 하는가?

자, 이제 처음 읽는 시나리오에서 주인공의 정보를 찾아내자. 빠짐없이 후딱 찾아내는 것이 좋다. 그 정보 쪽으로 정보가 붙기 때문이다. 하나도 놓치지 않아야 구멍이 생기지 않는다. 정보 분류가 잘되어야, 디테일하게 보인다.

시나리오에서 관심이 생기는 인물관계를 발견한다. 부부관계, 부모자식관계, 친구관계, 이성 관계 등에서 선택한 다음, 그와 닮아있는 관계를 당신의 삶에서 찾아 떠올린다. 서로 연관 지어 보자. 가깝다면 친근감을 준다. 멀다면 새로움을 준다.

작품 속의 등장인물 관계를, 내 삶속의 사람관계에서 발견하는 것을 '대체한다'고 한다. 싱크로율이 잘 맞게 대체되면, 경계가 느슨해진다. 마치 내가 작품 속에서 살아 움직이는 것 같은 가까워진 느낌을 받게 된다.

시나리오 읽기는 리딩으로 마무리된다.

시나리오를 눈으로 읽으면 문학이지만 자기 소리를 내서

읽으면 창조다. 리딩하는 소리가 여럿이 한 대 섞이면 드라마가 절로 형성된다. 말하라고 쓰인 글을 눈으로만 보면 손해다. 소리 내서 말하면 거기부터가 연기다.

2. 리딩 가이드

(1) 첫 독의 중요성
   - 미리 조용한 곳에서 끊지 않고 한 번에 읽어본다.

(2) 함께 모여 읽는다.
   - 역할은 성별로, 나이대로 나누어 읽는다.

(3) 진행자를 둬라.
   - 진행자는 긴장감을 준다. 돌아가며 맡으면 좋다.

(4) 지문도 읽는다.

(5) 시작하면 되도록 끝까지 끊지 않고 간다.
   - 되도록 편집하지 않고 다 읽는다.

(6) 긴장이 있나 체크 필요 – 불필요한 생각 내려놓기

(7) 장소를 느껴라.
   - 시작과 동시에 첫 지문을 들으며 장소에 빠져든다.

⑻ 대사는 생각보다 빨리 나온다.
  - 혹은 생각과 동시에 대사가 나온다.

⑼ 지금 리딩을 잘 해야 하는가? 체크
  – 욕심이다. 내려놓고 즐기자.

⑽ 막 해볼 때 보석 같은 발견을 한다.

⑾ '내 맘대로'가 컨트롤되어야 협동이 이뤄진다.

⑿ 탑 쌓기처럼 쌓인다.

⒀ 연기할 필요 없이 저절로 되는 연기를 경험한다.

⒁ 인물의 말투를 쓰지만 내말로 자신 있게 뱉는다.
  - 어색해도 해본다. 점점 편해진다.

⒂ '말하고 싶은 대사'는 공감이다.
  - 공감은 감동으로 이어진다.

⒃ 상대역 눈을 보고 읽을 필욘 없다
  - 눈이 보고 싶다면 다음 단계(acting)로 갈 신호다.

⒄ 행동하고 싶으면 자유롭게 해라.
  - 상대를 터치 하지 않는다. 피해가 될 수 있다. 방향만 가져도
    전달이 바로 된다.

리딩가이드만 지키면 리딩코치가 따로 필요하지 않다. 편한 사람들과 함께 시나리오 리딩을 놀이하듯 즐기면 된다. 서로 느낀 점을 나누고 공감하면 충분하다.

■ 잘하고 싶은 분들을 위한 리딩 TIP

(a) 비교는 좋지 않다. 굳이 하려면 어제의 자신과 비교하라.

(b) 연기테크닉이 들어가려면 원리를 알아야 하므로 전문가에게 배우길 바란다.

(c) 테크닉을 흉내 내면, 진심은 사라지고 흉내 내기가 자리한다. 그게 발연기다.

(d) 작품을 반복해서 리딩한다. 단계가 생긴다. 발전을 발견하라.

(e) 장면이 끝나도 즉흥 대사로 이어 가보기. 재미가 올라간다. 주체자가 된다. 창조력이 올라간다.

(f) 리딩 노트를 만들라. 디테일하게 적는다. 깨달은 것을 적는다. 변화를 포착하라.

(g) 집중이 안 될 때는, 어디에 있는지 봐라. 몸은 리딩룸에, 정신은 시나리오 속 그 장소에 있어야 한다.

3. 분석방법

❶ 작품에 대하여 말해본다.

읽어본 후 다른 사람에게 작품에 대해 말해본다. 상대가 재미있게 듣고 있는지 확인하면서, 자신의 설명이 부족한 부분은 무엇인지 체크하면서 말한다. 잘 전달됐는지 확인해보기 위해 들은 사람의 견해를 들어본다. 작품의 작가로 빙의해서 대화해보는 것이 포인트다.

다시 시나리오를 본다. 앞서 체크된 부분에 내가 모르는 상황이 있다. 외적(시대, 장소, 시간, 과거와 당장의 상황)·내적(직업특성, 인물 성격, 미래) 상황 중에서 연구가 필요한 부분을 찾아 연구한다. 연구를 바탕으로 자신의 상상력을 동원해 작품 속의 얽히고설켜 있는 사슬을 이해해본다.

다시 다른 사람에게 작품을 이야기한다. 자기작품처럼 막힘없이 술술 실감나게 말해지면 작품 분석이 끝났다.

❷ 장면에서 인물의 행동들을 파악해본다.

　'드라마'라는 말은 '나는 행한다.'라는 뜻이다. 행하다의 행동은 신체 움직임에 있는 것이 아니라 내적인 움직임과 충동에 있다. 드라마는 곧 활발한 정신활동인 것이다.

　충동은 행동으로 이어지는 자극과 내적 행동 자체다. 충동은 행동의 모티브가 된다. 작품 속 대사(말)와 지문(신체표현)안의 행동을 파악하라. 인물의 충동이 느껴지고 이미지가 선명하다면 행동분석이 끝났다.

　추천할 방법은, 인물의 행동목록을 작성하라. 목록대로 수행하며 즉흥연기를 해본다. 상황은 자유롭게 하되 행동의 흐름은 인물의 행동을 따라야한다. 즉흥연기를 통해 행동의 내적충동을 발견할 수 있다.

❸ 인물관계에 대해 정리해본다.

　등장인물(주인공) 관점에서 관계들(적대자, 조력자,,등등)을 규정해야한다. 극적 상황과 인간적 욕구는, 등장인물(주인공)이 관계에서 책임을 느끼는가와 느끼지 않는가에 기초한다. 다음은 자신의 '좋고 싫음'을 점검하라. 인물의 행동이 좋으면 왜 좋은지 싫으면 어떻게 싫은지, 호기심을 가져라.

극중 인물관계에서 '나이'는 강력한 영향소이다. 인물별로 철저히 인물의 눈을 통해 상대를 바라보아야 인물관계에 명확한 이해가 된다. 예를 들면, 엄마의 눈으로 자녀를 & 자녀의 눈으로 엄마를, 언니의 눈으로 동생을 & 동생의 눈으로 언니를, 각자의 입장에서 사실관계를 따져 봐야한다.

모든 인물은 목표가 있다. 목표는 전체적인 목표와 전체목표를 향한 순간순간의 목표가 있다. 목표는 인물을 행동하게 만든다. 그 종착역에서 거꾸로 인물의 행동을 따라가보면 인과관계가 선명해진다. 지금, 필자의 목표는 다음과 같다.

· 필자는 독자와의 관계에서 무엇을 원하는가? 독자가 연기를 하며 즐기는 삶을 살길 바란다.

· 필자는 지금 당장 무엇을 원하는가? 독자가 목표를 이해하고 자기 삶의 목표를 전체목표와 순간 목표로 찾아보는 체험을 하길 바란다.

🎞 시나리오와 친해져야 한다

필자는 시나리오 리딩의 중요성을 잘 알고 있다. 공채 탤런트 전속 기간 매일 방송국에 출퇴근했었다. 어렵게 사회 초년 생활을 하고 있었다. 드라마 대본 연습실에서 내로라하는 배우 선생님들과 보기만 해도 떨렸던 선배 배우님들이 리딩하는 모습을 막내 배우로 앉아서 수백 번 경험했다.

마치 메이져 리그에서 뛰고 있는 느낌이다. 떨고 있을 때가 아니다. 경기 중이다. 정신을 똑바로 차려야 한다. 그곳에서 연기를 배워나갔다. 선배님들이 집중하는 것은 연기 테크닉이 아니다.

작가님이 만들어 놓은 세상에서 즐겁게 뜨겁게 사는 모습이었다. 새로 들어온 막내를 바라봐주던 그 눈빛은, '어서 와, 재미난 세상에 놀러 온 걸 축하해'라고 하는 듯했다.

필자는 언제나 그 눈빛으로 리딩 동료를 맞이한다. 그 마음으로 K 드라마 센터에서 연기하는 분들과 리딩 한다. 빠짐없이 시작 전에 서로의 리딩목적을 나눈다.

나는 오늘, 시나리오의 얽히고설켜 있는 사슬을 풀어보며 몰입하겠다. 희로애락에 나를 맡겨 보겠다. 나의 것으로 만들어 보겠다. 시나리오를 공부해서 삶의 문제를 풀어보겠다. 시나리오 속 이야기에 푹 빠져보겠다.

사는 동안 시나리오가 필요한 순간이 온다. 절실할 때다. 삶의 변화가 간절할 때, 자동으로 시나리오가 써진다. 첨예하게 대립하는 상황일 때, 반드시 성공해야할 때, 이번에는 실수가 없어야 할 때, 갈등의 상황 속에서 신중하게, 최선 최악의 시나리오를 써본다.

당신이 시나리오를 다룰 수 있다면, 수많은 케이스에 대비되어있다면, 어떻겠는가? 시나리오의 주도권을 쥐고 써내려가는 삶을 살 것이다.

3단계:
등장인물과 연결하라
_ 연결

　이어주는 매개체가 필요하다. 우리가 누군가와 사랑에 빠진다고 생각해 볼 때, 그 사랑에 이르기까지 도와준 매개체가 있다. 그것은 취미일 수도 있고 한 곡의 노래일 수도 있다. 등장인물과 연결해 줄 매개체를 찾아보자.

　등장인물과 연결되는 매개체는 바로 자기 자신이다. 등장인물 ↔ 자기 자신 ↔ 연기하는 사람, 이들이 잘 연결되면, 공감을 일으키는 진실한 연기가 된다.

　그리하여 연기하는 사람은 자기 자신도 잘 알아야 하고 등장인물도 잘 파악하고 있어야 한다. 그러나 모두 잘 알고 있다고 규정해버리면, 심각한 부작용이 생길 수 있다.

『관계는 서로의 무의식이 계속해서 연결되어 지낼 수 있느냐에 달려있다. 당신이 다른 사람(인물)들에게 남기는 잔존 효과(aftereffect; 당신과 알고지낸 후에 그들이 잠재의식 속에서 당신을 어떻게 생각하고 있는가를 의미함)가 특히 중요하다.

예를 들면 그들은 당신이 그들을 '있는 그대로 받아들이고 있다'고 느끼는가, 아니면 그들이 '달라지기를 원하고 있다'라고 느끼는가(당신이 연기 가능하게 인물을 바꾸려 하는 것)같은 것이다. 남들(인물)의 무의식과 연결되기 위해서 당신은 사람들(인물)을 경험하고 그들의 장점을 즐기고 그들을 변화시키지 않는 법을 알 필요가 있다.

"다른 사람(인물)들도 당신이 하고있는 방식대로 무의식적으로 반응한다는 것을 기억하라."』A

셰익스피어가 가르쳐주는 세상사는 지혜에 나오는, 인간관계에서 중요한 점은 캐릭터(인물)와 연기하는 사람관계에도 중요하다. 책 본문에 (괄호)는 필자가 비유적 표현을 한 것이다. 어떻게 인물과 배우 사이에 무의식적 연결이 이루어지는

A '셰익스피어가 가르쳐주는 세상사는 지혜' 2단계 남들을 이해하기 중에서

가. 작품에서 등장인물의 말(대사)은 배우의 무의식에 영향을 준다. 서로 긴밀하게 연결되어 탐험한다. 가능성을 열어 상대를 맞이한다.

배우의 신체감각, 정서 기억, 이미지는 등장인물과 무의식적으로 연결되는 키이다. 인물의 경험과 배우의 경험이 무의식에서 연결될 때 머릿속에서 이미지가 그려진다. 어떤 느낌이 오고 몸이 반응을 한다. 순간 당신에게 어떤 의미가 생기는 것, 그것이 등장인물과 연결된 상태다.

▦ 어떤 등장인물과 연결해야 하는가?

처음 텍스트(작품)를 접할 때 작가가 써놓은 말들이 일방적인 쏟아냄이라고 느낀다면, 그 텍스트는 아마도 당신에게 지금은 맞지 않을 수 있다. 권유하고 싶지 않다.

필자의 경험으로 예를 들자면 '햄릿'을 처음 읽었던 스무살에는 이해가 어려웠다. 그러나 서른에 작품을 준비하면서 '햄릿'을 다시 봤을 때 작가가 나에게 말을 거는 것 같았다.

바로 등장인물과 연결되었다.

등장인물들은 말로 자신의 속마음을 드러내고 있다. 한쪽의 일방적으로 쏟아냄 같았던 말들은 나의 성장에 맞추어 나에게 다가오게 된다.

마치 우리가 "공부해라 공부 다 때가 있다"라는 부모님의 잔소리 섞인 말이 일방적인 쏟아냄으로 들렸다가도 언젠가는 그것을 이해하게 되는 것처럼. 어쨌든 일방적인 것은 좋은 결과로 이어지기 어렵다.

'캐릭터 친구'라고 칭하고, 친구처럼 가까워지고 싶은 등장인물과 연결하면 좋다. 진정한 한 번의 경험이 폭넓게 친구를 사귀게 될 계기를 만든다. 한 몸이 되어보는 체험을 아무랑 할 필요는 없지 않은가? 캐스팅도 이유 없이 되지 않는다.

📽 등장인물과 연결되는 과정

1. 마음을 움직이는 열쇠 - 신체적 움직임 '제스처'

미카엘 체홉의 테크닉, '심리 제스처'는 모든 것을 행동의 관점으로 바라본대서 시작한다.

『모든 현상과 사건에 각각의 특정한 분위기가 있다. 분위기로 관객과 배우사이에 강한 연대가 형성된다. 관객 자신도 그 분위기에 둘러싸여 배우와 함께 '연기' 한다. 좋은 공연은 이들의 상호작용에서 발생한다.

분위기는 관객의 통찰력을 깊이 있게 만든다. 그 장면이 가진 분위기는 심리적인 측면을 깊이 있게 통찰하게 한다. 또한 느낌들이 자극받고 깨어날 것이다. 그 장면의 내용과 핵심적인 부분을 느끼고 이 느낌들로 인해 이해가 확장될 것이다. 장면의 내용이 더 풍부하고 중요하게 다가올 것이다.

공연할 때마다 극이나 장면의 분위기에 자신을 맡기면 새로운 요소와 뉘앙스가 저절로 표현되는 것을 발견할 수 있다.

이러한 자극은 무엇이며 어디에서 오는가? 상징적으로 말하자면 분위기 안의 살아 있는 의지로부터, 역동성 또는 이끄는 힘으로부터 이다.

예를 들면, 행복의 분위기를 경험할 때: 내면에서는 – 개방하고, 펼치며, 앞 공간으로 확장, 연장하려는 열망의 의지를 발견할 것이다. '성질'과 '감각'으로 우리는 느낌의 금고를 열 수 있는 열쇠를 찾았다.

자신의 느낌을 마음대로 불러낼 수는 없다. 그러나 간접적인 방법으로 유도, 유발할 수 있다. 우리의 욕구, 소망, 갈망, 욕망, 동경은 항상 느낌과 섞여 있지만 그것들은 <u>의지력</u>의 영역 내에서 발생한다.

의지력을 여는 열쇠는 과연 있는가? 그렇다. 움직임(행동, 제스처)에서 찾아야 한다. 단순하지만 강하고 잘 조형되어 있는 제스처를 만들면서 증명할 수 있다.

여러 번 반복하다보면 그 제스처의 영향으로 의지력이 강해지는 것을 볼 것이다. 즉 내면에서 확고한 열망, 소망 또는 욕구를 깨우고 그것을 활성화 시킨다는 것이다.

[그림 1]

　보통 움직임의 '강도'는 의지력을 자극한다. 움직임의 '종류'는 내면에서 그에 따른 확고한 갈망을 깨우고, 움직임의 '성질'은 느낌을 떠오르게 한다.

　어떤 인물을 연기한다고 상상하자. 그 인물은 첫인상에 따르면 강하고 꺾이지 않는 의지를 가지고 있으며 헤어 나올 수 없는 갈망에 사로잡혀 있다. 증오와 경멸로 가득 차 있다. 이 인물의 모든 것을 종합해서 표현할 수 있는 적당한 제스처를 찾는다. (그림1을 보자.)

　이 제스처는 강하고 잘 조형되어 있다. 여러 번 반복하면

의지가 강해진다. 머리의 기울기뿐 아니라 팔, 다리의 방향과 온몸의 마지막 자세가 지배적이고 절제하기 힘든 행위를 하려고 확고한 갈망을 불러일으킨다.

온몸의 모든 근육에 스며들고 채워져 있는 성질이 내면에서 증오와 경멸의 느낌을 불러일으킬 것이다. 제스처를 통해, 자신의 심리 깊숙한 곳까지 꿰뚫고 자극하게 된다.』[B]

작품은 90%의 이상 대사와 10% 미만의 지문으로 이루어져 있다. 배우는 인물과 연결되기 위해서 대사를 보고, 이런 질문을 한다. '만일 내가 인물이라면 이 대사를 말하는 동안 어떠한 행동을 하고 있을까?

우리 삶에서도 말(대사)하면서 어떠한 행동을 한다. 행동에는 큰 움직임(동선), 작은 움직임(제스처), 밖에서 안 보이는 내면의 움직임(충동)이 있다.

① 던져진 상황의 분위기에 올라탄다.

② 자신을 둘러싼 공간을 최대한 이용해서 크고 넓으며, 단순

[B]   참고서적: 미하일 체홉의 '배우에게' -4. 분위기와 개인의 느낌, 5. 심리제스처

한 동작을 한다.

③ 자신의 충동 위에 말과 제스처를 실어 표현한다.

이와 같이 미카엘 체홉의 심리제스처는 일상생활에서 누구나 사용하는 것이다. 다른 삶을 연기하는 배우는 이것을 착안해 만들어진 심리제스처를 체계적으로 훈련한다. 심리제스처는 다른 사람을 이해하는데 아주 쉽고 빠르고 효과적이다.

우리의 "머리보다 몸이 똑똑하다." "몸의 감각을 믿어라." 라는 것을 알고 있다. 인물과 연결되기 위해 머리보다 몸부터 움직여본다. 인물에 대한 이해를 온몸으로 하게 된다.

2. 연결고리 찾기 - 대화 시도하기

필자에게 연기는 사람과 사람사이의 깊은 관심과 전이다. 연기를 하면 다른 사람이 되어볼 수 있는 기회다. 주어진 상황에서 진실하게 살아보는 거다. 서로에게 궁금해 하면서 서로에게 해줄 말을 하다보면 마법 같은 전이가 일어난다.

캐릭터의 삶을 들여다볼 때 배우 자신의 삶도 돌아보게 된다. 떠오르는 무수히 많은 생각들 속에서 발견되는 새로운 진실이 있다. 캐릭터를 만나지 못했다면 깊숙이 묻어둔 채 있는 지도 모를 보석 같은 내 삶의 진실들을 마주하게 된다. 감사함과 동시에 캐릭터와 단단한 연결고리가 형성됨을 느낀다.

필자는 연기코치를 할 때 아주 중요하게 생각하는 것이 있다. 연기를 배우러 온 사람이 지금 연기코치를 받고 있다, 배우고 있다는 생각을 못하게 하려 애쓴다. 그 이유는, 안내를 받아 자신의 내면으로 들어가면서 의식적이 되지 않게 하기 위해서다.

그러기위해서 사용하는 것이 대화다.

우선 나의 이야기부터 시작한다. 조언을 구하는 척도 해보고 동의를 구하기도 하고 자연스럽게 배우가 자기 이야기를 하게 한다. 그리고는 캐릭터의 상황으로 연결해 넘어간다. 캐릭터를 가깝게 느끼게 하는데 아주 효과적인 방법이다.

초보 배우는 처음부터 캐릭터의 상황에 깊은 관심을 가지기 어렵다. 우선 코치에게서 시작해 자기 자신으로 그다음 캐릭터로, 사람과 사람 사이의 깊은 관심이 파도를 타고 넘어가 전이를 일으킨다.

인물과 내가 통하는 지점이 있다면 통하지 않는 지점도 있다. 탁하고 걸려서 불편해지는, 밀어내지는 지점이 있는 것은 당연하다.

『배우들은 항상 궁금해한다. 일상생활 속 나와도 닮지 않고 제각기 다르기도 한 등장인물들에 대해 내가 어떻게 흥미롭고 창의적인 해석을 내놓는지를. 답은 간단하다.

대사와 이미지를 내 상상력과 연결시키는 것. 나는 일관성을 걱정하지 않는다. 등장인물의 대화와 행동에 나 자신이 순간순간 단편적으로 반응하게 둔다. 그런 다음 처음에는 터무니없어 보일지라도 선택들이 알아서 반복을 시작할 때까지 실수도 하고 버리기도 하면서, 내 반응이 어디로든 나를 데려가게 둔다.

그때 나는 내가 무언가에 연결되어 있음을 안다. 하지만 등장인물을 조합하여 들지 않는다. 조각난 상태로 그냥 둔다. 내 순간순간에 퍼포먼스가 인물 전체에 대한 창조적인 해석처럼 보이게끔 대본과 이야기가 캐릭터를 조합한다.』[C]

C   참고서적: 해럴드 거스킨 지음 '연기하지 않는 연기' p97

"어떻게 전개될지 이미 알고 있다",

"말과 움직임이 일정한 패턴으로 거듭 된다",

"이미 너무 잘 알고 있다고 느낀다."

– 이와 같은 '안다'는 경계하라. '모른다'가 정답이다. 계속해서 탐험을 멈추지 말아야 한다.

매 순간 인물을 있는 그대로 받아들이겠다는 다짐으로 매번 처음인 듯이 대한다. 계속해서 대화를 시도하고 연결을 시도하고 지나간 것엔 연연하지 않는다. 쌓일껀 쌓이고 버려질 건 버려진다. 언제나 가능성을 열고 다만 반응할 뿐이다.

🎬 연결이 잘되는 연기술들

연기술 중에 '샌포드 마이스너'의 '리피티션'이라는 연기술이 있다. 리피티션은 상대에게 영향받기 좋은 상태를 위한 배우훈련법이다.

필자는, 배우라면 무대 위에 서야 하기 때문에, 낯선 사람과 깊은 감정을 나눠야 하고, 관객과의 연결까지 이뤄져야 하기에, 오랜 시간을 그리고 여러 단계에 걸쳐서 리피티션을 훈련해야 한다고 생각한다.

그러나 일반인이 무대에 서려고 하는 사람이 아니다. 자기 인생 무대에서 다른 사람과 잘 연결되기 위한 단계는 두 가지다. 내가 <u>연결을 원하는 사람</u>과 내가 <u>연결이 필요한 사람</u>과의 연결일 것이다.

연결을 위한 리피티션 훈련은 다음과 같다.

1. 리피티션

■ 훈련방법

[step 1]

1. 서로가 잘 보이게 거리를 두고 두 사람이 마주선다.

2. 한사람(A)이 먼저 상대(B)에 대한 눈에 보이는 사실(자신의 관심을 끄는)을 말한다.

   예를 들면,

   A: "너는 야구모자를 쓰고 있어"

   B: "나는 야구모자를 쓰고 있어"

   A: "너는 야구모자를 쓰고 있어"

   B: "나는 야구모자를 쓰고 있어"...

반복한다.

※ point: 정확하게 보고 정확하게 듣고, 말하고 반복한다.

---

3. 반복하다가 A는 상대(B)를 향한 다른 충동이 생기면 바로 말한다. 문장형식은 위와 같다.

A: "너는 흰색 마스크를 하고 있어"

B: "나는 흰색 마스크를 하고 있어"

반복한다.

※ point: 새로운 충동이 생기기 전까지는 반복만 한다. 반복하면서도 항상, 지금에 있어라.

---

4. 10분후, A와 B의 역할을 바꿔서 10분간 훈련하다.

[step 2]

1. 서로 바르게 마주서서, step1을 하는데, 이번에는 눈에 보이는 사실 + 상대의 Behavior(행동, 상태, 태도)를 말한다. 예를 들면,

A: "너는 웃고 있어"

B: "나는 웃고 있어"

반복하다가 누구든 자신의 관심(충동)을 끄는 상대의 행동을 말할 수 있다.

A: "너는 웃고 있어"

B: "너는 재미있어"

A: "나는 재미있어"

반복하며 계속 나아간다.

---

2. 쉼 없이 반복하며, 카페에 앉아서도, 걸어 다니면서도,
   자유롭게 리피티션 한다.

step1의 룰이 익숙해지면 step2로 넘어가라. 충동은 드러난다. 기다리는 동안 열린 마음으로 반복만 한다. 리피티션은 게임이 아니다. 잘보고, 잘 듣고, 솔직하게 말하고, 반응하고, 있는 그대로 받아들이고, 상대에게 온전히 영향받기 위한 연기술이다.

상대를 이기려 하고 잘하려고 하면 자기 생각에 빠져 허우적거리게 된다. 상대의 말이 공격적으로 들리거나, 자기 생각에 빠지는 순간을 잡아채라. 내려놓는다. 지나간다. 항상 아슬아슬한 흥미진진한 상태에서 상대와 연결되라.

샌포드 마이스너 선생님이 배우가 무대에서 인물이 처한 상황에 집중해야할 때, 자신의 생각에 빠지게 되는 것을 염

려해 만든 연기술이다. 머릿속을 비우고 가령 생각이 들어와도 훈련된 배우는 바로 상대에게 집중하여 자기 상태에 빠지는 것을 경계할 수 있다. 매 순간 배우는 인물과 또 상대와 연결될 수 있다.

2. 원하는 사람과의 강력한 연결하기

☑ 성적 화학반응 만들기: 섹슈얼리티[D]

감정적인 화학반응이 성적인 화학반응을 돕는다. 당신이 일반적인 통증이나 경험이 공유할 때 연결이 더 발전된다. (예; 부모님의 죽음.) 하지만 특히 리허설(오디션)하는 동안, 당신은 파트너와 함께 무에서 유를 창조할 수 있어야 한다.

❶ 감정적 연결

가장 큰 트라우마나 불안, 고통을 생각하라. 상대방의 눈에서 그것들을 보아라. 무대에 서거나 촬영 전에 이것을 할 수 있다. 메이크업하는 동안이나 카메라를 기다리거나 휴식 시간에 먹는 동안에 그것들을 보아라.

D '투비 오어 낫투비'- 이바나 처벅 테크닉: 실용적 연기도구 가지 재해석 p217

✳ 성적 화학반응

다른 대체할 것들을 사용하지 말아라. 당신 파트너를 이용해야 한다. 성적인 욕구는 육체적 필요성에서 오지 감정적 필요성에서 오는 것이 아니다.

❷ 성적 연결

다른 사람에 대해 성적으로 판타지화 하라. 가장 위험하고 숨겨진 판타지를 생각하라. 이것들이 가장 에로틱하기 때문에 가장 잘 작용한다. 성적 연결(판타지)은 Sex 이상이다.

✳ 감정적이고 성적인 연결

a. 당신을 정의할 수 있는 가장 큰 트라우마를 생각하라

b. 다른 사람의 눈에서 그것을 보아라. 머릿속으로 다른 사람에게 말하라.
   "당신은 정말 나를 잘 이해하고 있어"

c. 지금 캐릭터를 성적으로 환타지화 하라. 성적으로 특이한 환타지.

개인의 상상력을 자극해서 상대와 스페셜하게 연결되는 현대적이고 실용적인 엑서사이즈 이다. 이바나 처벅은 미국에서 가장 파워풀한 액팅코치 이다.

3. 필요한 사람과의 안전한 연결하기

☑ 현재에 머물기: 중립ᴱ

■ 구구단과 대사 말하기

두 사람이 한 팀이 되어서 A와 B를 정한다. 서로 쳐다보면서 구구단을 말하고 대사를 붙여서 말한다.

A: 3×9=27 이태리를 싫어하실 거예요.

B: 4×4=16 그래?

A: 6×8=48 이태리 사람이 너무 많으니까.

B: 2×8=16 커피 끓이는 중이다. 남자들이 보이니?

A: 8×9=72 네, 밖에서 뭘 하죠? 비가 오기 시작하는데.

B: 9×9=81 오, 그렇구나. 내가 노만에게 나가지 마라고 했

ᴱ '투비 오어 낫투비'- 교류 테크닉 훈련 p133

는데

(계속)

point 현재의 상태에 머묾(중립)이 중요하다. 구구단의 답을 정확히 말하는 것이 중요한 것이 아니다. 구구단을 틀려서 웃음이 나오면 그 웃음의 영향을 받아 대사를 말하면 된다. 대사의 의미에 구애받을 필요가 없다. 단지 현재의 컨디션(중립)으로 상대와 교류하면 되는 것이다.

① 중립을 유지하는가?
② 상대와 교류를 하고 있는가? 들을 때 듣고, 볼 때 보고.
③ 충동에 의해서 반응을 했는가?

우리는 큰 감정에 휩싸일 때 상대가 보이지도 들리지도 않는다. 그럴 때 얼른 중립기어를 넣듯이 자신의 말머리에 구구단을 하며 중립상태로 돌아오라. 그리고 만약 상대는 여전히 감정적 상태라면, 그의 상태를 궁금해해라. 중립에서 궁금해하기를 하는 중에는 상대에게 말려 들어가지 않는다.

어떤 상황에서든지 상대와 연결되면, 자신이 원하는 방향으로 상대와 함께 나아 갈 수 있다.

📽 등장인물과 연결되어 자신을 보라

새로운 자기 자신을 발견하게 된다. 등장인물과 연결되어 나를 보면, 나를 더 깊이 볼 기회이고 안전하게 들여다볼 수 있다. 흥미진진하게 볼 수 있으며 제대로 알고 연민하게 되기 쉽다.

어려운 캐릭터 이해를 하게 도와준, 나라는 사람의 본질과 경험에 깊이 감사하게 된다. 자신의 어떤 부분과 과거 경험들을 원망하거나 아파하지 않고 정확하게 바라볼 수 있으며 뿌듯해지기까지 한다.

어느 것 하나 버릴 게 없고 귀하지 않은 게 없다. 인생이 길고 뇌의 용량은 한정되어 모두 다 연결을 시키지 못할 뿐이다. 이유 없는 결과는 없고, 이유 없는 시련도 없다.

포기하지 않고 끝까지 물고 늘어지면 열매를 볼 것이다. 어쩌면 엄마 뱃속에서 이 모든 것을 연결시켜 계획해 놓고, 이 세상에 나와 실험하고 있는 것은 아닐까? 그렇게 깨지며 알아가고 있는 중은 아닐까? 내 인생의 의미를. 필자는 종종 이렇게 생각하곤 한다.

4단계:
자신의 배역을 액션 하라
_ 액션

▦ 행동의 선택

『진짜 행동을 발견하는 일은 배역에 대해 우리가 계속적으로 꾸준하게 해야 할 작업이다.

"내가 원하는 것을 얻기 위해서 나는 무엇을 하는가?"

"내가 원하는 것을 어떻게 얻는가?"(무엇을 함으로써?)

"장애(물)들을 극복하기 위해 나는 무엇을 하며, 어떻게 극복하는가?"(무엇을 함으로써?)

<u>적극적인 동사를 찾아라!</u>

어떻게(how)를 정의한다.

1. 어떤 수단으로?

2. 무슨 목적으로?

3. 어떤 효과를 위해서?

나의 수단과 목적, 또 내가 노리는 효과를, 어떻게 행동 속으로 진입되어야 하며 육체와 대사에 어떻게 생명을 불어넣는지를 분명하게 보여주어야 한다.

자신의 배역이, 상황과 다른 등장인물들의 소망에 맞서서 소망을 실현하자면 진짜로 보내고 진짜로 받아야 한다. 원인과 결과, 무언가를 받아들이고 어떤 가정이나 상상적인 자극에 대한 반응으로서 여러분이 받은 것에 대해 <u>무언가를 하는 것</u>-이것이 연기의 전부다.』^F

자신의 배역을 액션 한다는 것은, 상대역에게서 원하는 목적을 이루기 위해 행동하는 것이다.

"상대가 (●●함으로써) ○○ 하게끔",

"무엇이 (●●함으로써) ○○ 하게끔",

"무엇은 ○○로 하여금 (●●함으로써) ○○ 하게끔",

"누가 나로 하여금 (●●함으로써) ○○ 하게끔",

"감정이 나로 하여금 (●●함으로써) ○○ 하게끔" 하라.

F   우타 하겐 '산연기'- 행동 p229

예를 들어, "누군가의 관심을 끌려면 여러분이 두 눈을 그에게 (못 박은 듯이 뚫어지게 쳐다보아서) 그로 하여금 돌아보게끔" 해야 한다.

●●과 ○○을 선택하고, 행동으로 완성한다. 당신은 결심해야 한다. 행동을 시작하자마자 당신은 책임감을 갖게 된다. 이제 당신은 다른 사람이 될 수 있다.

🎞 행동하게 하는 목표 및 욕구(의지) 그리고 장애(물)

『내가 원하는 것의 길에 무엇이 놓여 있는가? 누가 나를 반대하고 있는가? 무엇이 나를 적대하고 있는가? 이런 질문들을 등장인물의 목표 앞에, 여러분의 주된 목표 앞에, 그리고 장면마다 에 최소 단위를 위한 당장의 목표 앞에 던져라. 그러면 장애(물) 들을 극복하려는 데서 여러분의 욕구가 강화될 것이다. 옛말에 우리는 어렵게 구해지는 것을 쉽게 구해지는 것보다 항상 더 강렬하게 소망한다. 장애(물) 자체가 여러분의 목표를 추구하는 과정에서 그것을 극복하기 위해 해야만 하

는 행동에 강한 영향을 미칠 것이다.」[G]

☑ 장애(물)을 뚫고 행동하게 하는 민잉풀(meaningfull) 엑서사이즈

① 내가 이 행동(수행해야할)을 왜 하는지

② 내가 지금 여기서 무엇(자신에게 의미 있는)을 하려고 하는지

③ 내가 이것을 해내지 못 했을 때 나에게

or 내가 사랑하는 사람에게 무슨 일이 생기는지

세 가지 물음에 구체적으로 답한다. 지금 수행하는 행동이 목적을 이루는데 효과적이고 강력한 수단이라는 믿음(①)을 가지고 민잉풀(의미를 이루는)의 키(②)를 자신의 삶에서 찾아야 한다. 지금 이 순간 민잉풀과 단단히 묶어줄 키를 찾을 수 있어야 한다.

실패의 가능성(③)은 내가 이 일을 해내지 못하면 그런 일이 생길 수 있다는 가능성을 여는 것이다.

민잉풀 엑서사이즈는 상상을 통해서 자신 배역을 액션 하는 것인 동시에 극의 상황을 자기 삶의 현장으로 바꾸어 놓는다. 장애물을 뛰어넘어 목적을 이루려는 의지가 배우에게 분

G 우타하겐 '산연기'- 장애(물) p222

명해지고 액션은 불타오르게 된다.

배역의 삶과 자신의 삶이 똑같이 중요해지는 순간을 경험한다. 진실보다 더 진실 된 생생한 액션을 펼칠 수 있다.

🎬 액션을 잘하기 위한 연기술

관객은 배우의 감정을 보고 싶은 게 아니다. 액션을 보고 싶은 거다. 감정적일 때도 해내는(튀어나오는) 액션!!

1. 유기적인 공포 만들기

『실제로 공포가 신체적 반응으로 일어나게 하기 위해서는, 먼저 공포의 원인을 이해해야 한다. 공포는 위험이 감지될 때 자신을 지키려는 즉각적인 몸의 신호다. 사실상 공포는 타고난 우리의 생존본능이다. 공포는 신체 기능을 제어하는 부분에 자극을 주기 때문에, 혈액과 아드레날린의 흐름이 빨라지고, 움직임도 빨라지고, 사고의 과정도 빨라지며, 평소에 갖고 있지 않은 육체적 힘을 발생하게 한다.

■ 주요 사항

    a. 반드시 유기적이어야 한다.

    b. 공포는 정보에서 오지 않고 감정에서 온다.

    c. 확실하게 후회할 일을 찾아라.

☑ 공포 리스트

15가지를 손으로 적어라.

"만약 오늘 내가 죽으면, 무엇을 후회할까?"

    a. 결코 아이를 가질 수 없을 것이다.

---

    b. 아이들이 커가는 것을 볼 수 없을 것이다. 내가 엄마_(아빠)인지도 모를 것이다.

---

    c. 진정한 사랑을 찾을 수 없을 것이다.

---

    d. 사랑받는다는 느낌이 뭔지 알지 못할 것이다.

---

    e. 결코 결혼도 못 해볼 것이다.

---

f. 어머니(아버지)가 진정으로 나를 사랑했는지도 알지 못할
    것이다.

---

g. 아버지(어머니, 자식, 형제자매, 배우자)는 나를 자랑스럽게 여길
    수 없을 것이다.

---

h. 남편(아내, 부모, 형제자매, 친구) 내가 실패한 사람으로서 죽었
    다고 믿을 것이다.

---

i. 돈이 궁핍한 또는 아픈 어머니(아버지, 형제자매, 배우자, 자식)를
    결코 돌볼 수 없을 것이다. 항상 나를 위해 곁에 있던 사
    람인데….

---

j. 아버지(어머니, 형제자매, 자식, 배우자) 와의 관계를 해결하지 못
    할 것이다. 혹은 마음의 정리를 할 수 없을 것이다.

---

k. 아버지(어머니, 형제자매, 자식, 배우자)로부터 "사랑해"라는 말을
    결코 들을 수 없을 것이다.

    (생략)

다섯 번째 아이디어 후, 다음 열 가지는 대부분 더 낫다. 왜

냐하면 그것들은 잠재의식에서 나오기 때문이다. 소리 내어 그것들을 읽고 가장 크게 감정적으로 반응하는 하나를 선택하라. 상황이 주는 공포? 아니다. 공포는 살아남기 위한 갈애에서 비롯된다.

■ 적용 공식 A

a. 당신의 공포 리스트에서 가장 크게 후회하는 것을 골라라. 후회를 상상하지 마라. 우선 당신이 죽지 않는다고 가정하고 긍정적인 시나리오를 생각하라.

---

b. 당신이 죽을 때 일어날 수 있는 가장 끔찍한 일을 상상하라. 모든 공포스러운 일을 자세히 상상하라.

---

c. 생각한 공포스러운 일들 중에서 최악의 상상을 생각해보라. 주문을 반복하라. "나는 이 일이 생기지 않도록 반드시 살아남아야 한다. 나는 이 일이 생기지 않도록 반드시 살아남아야 한다…."

---

d. 그 쯤 했으면 되었고, 공포가 유기적으로 일어나도록 하라.

이 과정은 보통 1분 정도 걸린다. 항상 무대에 도착하기 전에 공포 리스트를 진행하라. 공포리스트는 나이가 들수록 변한다.

■ 적용 공식 B

a. 당신이 싫어하는 해충을 알아내라.(쥐, 바퀴벌레, 뱀, 지렁이, 거미, 구더기 등등)

b. 방안이나 구석진 코너에 그들이 숨어 있다고 상상하라. 당신에게 말아라. "만약 이 상황에서 탈출하지 않는다면, 그들이 내 바지, 셔츠, 다리, 코, 입으로 기어 올라올 거야."

c. 그들 모두가 당신의 몸 위로 기어 올라오는 것을 상상하라. (본능적인 반응)」ᴴ

얼핏 생각할 때 공포리스트를 작성하면 겁먹은 상태가 될 것 같지만, 작성해보라. 쓰면서 내 안의 에너지가 달라짐이 느껴지고 연기하기 위해 서면 비범해지는 자신을 발견하게

ᴴ '투비 오어 낫투비'- 이바나 처벅 테크닉: 실용적 연기도구 가지 재해석 p226

된다.

공간의 분위기를 살짝 어둡게 하고 방해받지 않는 공간에서 작성하자. 공포는 여러분에게 목표를 향한 열정을, 강렬한 이미지를 제공한다.

「2. 세 가지 등장

① 방금 까지 무엇을 하고 있었나? / 등장 전에 행동한다.
② 지금 무엇을 하고 있나? / 등장을 하면서 행동한다.
③ 첫 번째로 무엇을 하길 원하는가? / 등장 후 무엇을 할지 명확하게 인지한다.

큐가 오기를 기다리는 동안 무대 뒤에서 나는 무엇을 할 수 있을 것인가? 무엇보다도 먼저 나는 스스로에게 내가 지금-어제가 아니라-존재한다는 사실을 정말로 천진스럽게 믿을 수 있도록 확신을 주어야 한다. ①~③은 필수적인 준비단계이다. 바로 실행한다. 각 단계를 완전하게 밟아야 하는 것이다!

등장을 기다리는 동안 당신은 현재의 진짜 행동을 통해서 상상 속의 직전 사건에 반응을 했고(①) 현재의 행동(②)은 당신으로 하여금 무대 위의 가상의 삶을 계속 하도록 해준다.(③) 거기엔 등장할 때의 '불안' 따위가 자리 할 틈이 없다.

등장을 할 때 여러분의 배역의 기대를 가지고 들어와야 하며 여러분을 실제로 습격해오는 것, 즉 당신의 배역이 만나는 문제들을 대면해야 한다. 결국은 그런 문제들이 당신으로 하여금 배역의 욕구를 행동으로 통해서 충족하도록 충동해준다!』¹

등장 전, 세 가지 준비단계로 자연스럽게 배역의 항로에 들어서게 된다. 세 가지 질문은 분명하고 사실적이다. 배우가 액션하기 전에 무엇을 하고 있는지는 그 배우액션의 퀄리티를 다르게 만든다.

Ⅰ 우타 하겐 '산연기'- 세 가지 등장 p119~124

📽 온몸과 온 마음을 들여서 액션

이유는 간단하다. 연기를 한다는 건 자신의 패턴을 송두리째 바꿔볼 찬스다. '나'에서 벗어나서 '너'가 되어보는 경험은 좋고 싫고를 떠나서 그냥 바꿔 보는 거다. '나'는 안내자로서 역할만 하고 연기하는 동안은 '너'로 사는 것이다. 과단성 있는 액션들로 이루어진다.

배역은 대부분 과단성 있는 사람일 경우가 많다. 그는 항상 지금을 살며 스토리를 진행시켜 나간다. 실패가 무서워 아무것도 못 하는 배역은 어떤가? 다른 사람을 의식하여 완전한 때를 기다리며 무작정 미루는 배역은 어떤가? 뜬구름만 잡고 고민만 하다가 결심해야 할 때 무력해지는 배역은 어떤가?

작품마다 다양한 배역이 있지만 결국 과단성 있는 주인공 중심으로 사건은 진전된다. 그래서 작품에, 배역에 온 마음을 쏟아보는 것은 스스로에게도 보람된 일일 것이다.

배우의 삶은 변화무쌍하다. 매번 다른 배역을 연기하기 위해 스스로의 삶도 배역의 삶도 찾아나서야 한다.

『배우는 맡는 역마다 매번 자신을 재창조하지 않으면 안 된다. 새로운 등장인물을 맞이하면 마치 그 인물에 대해 아무것도 모르는 것처럼, 자기 자신과 연기에 대해 아무것도 모르는 것처럼 작업을 시작할 용기가 있어야 한다.

배우는 새 대본을 가지고 자기가 어디로 가게 될지, 새 등장인물을 어떻게 알아내고 연기하게 될지 모른다는 사실을 받아들여야만 한다. 낡은 연기패턴과 요령을 버리기 위해서는 평소 말하는 리듬과 신체 표현 리듬을 반드시 깨야 한다.

내가 잘 아는 배우와 새 대본에 대해 작업을 하게 되면, 나는 그가 자신의 자연스러운 리듬과도 다르고 그간 연기했던 역할들과도 다른 새로운 리듬을 발견하도록 돕는다. 편안해하는 것들로부터 의식적으로 그를 떼어 내는 것이 한 방법이다. 그가 익히 알고 있는 것들 안에서 움직이지 않도록 만든다.』^J

헤럴드 거스킨은 수많은 배우와 스타들의 선생님이다. '연기하지 않는 연기'라는 책에서 배우에게 새 배역의 창조를 위

J   해럴드 거스킨 지음 '연기하지 않는 연기'- 리듬을 깨라 p120

해서 기존에 있던 자신의 리듬을 깨라고 강조한다.

실례로 성공한 배우들의 인터뷰가 책에 실리면서 이해와 신뢰를 돕는다. 여기서는 미국배우 앨리 시디가 영화 「하이 아트」에서 루시 역을 준비하기 위해 헤럴드 선생님과의 연기 수업이 설명된다.

『앨리는 회상한다. "어떤 장면에 들어가서 아무것도 하지 않기. 그러려면 많은 용기가 필요했어요. 선생님은 제가 흥미로운 존재가 되어야 한다고 생각하시잖아요." 하지만 그녀는 "무슨 생각이든 생각하는 것 말고는 그냥 아무것도 하지 않고, 준비될 때까지는 대사도 말하지 않았다."』[K]

일부러 자신의 자연스러운 리듬을 버리고 루시의 리듬을 익혀 너무도 완벽하게 그 인물 안에서 삶으로써 누구의 눈에도 그녀가 연기를 하는 걸로 비치지 않았다는 점이다.

『보통 배우가 새로운 등장인물에 접근할 때 자연스럽게 다른 리듬으로 옮겨 가게 될 거라고 생각하는데, 과연 그럴까?

[K]   해럴드 거스킨 지음 '연기하지 않는 연기'- 리듬을 깨라 p122

진실은, 그렇지 않다는 것이다. 그동안 자신에게 잘 맞았다고 생각되는 것들을 내려놓기를 두려워하기 때문이다.

 배우들이 성공을 거듭할수록 비슷한 역들이 반복해서 주어지는 경우가 많기 때문에 다른 리듬을 찾기가 더 어려워진다. 그러나 모든 등장인물은 각기 다르다. 우리는 우리의 편한 리듬을 깨고 의식적으로 이 특정인물의 새 리듬을 발견해 냄으로써 그 차이를 찾아야만 한다.』└

 앨리 시디는 배역의 본질에 대한 진정한 이해를 통해, 인물로 사는 동안 자신 삶의 리듬을 바꾸었다. 모두 배우 앨리 시디의 끈질긴 탐구 덕분이고, 옆에서 서포트 해주는 해럴드 거스킨 선생님 덕분이다.

 결단성, 용기, 책임감, 인간 본질 탐구, 끝없는 자아 탐구, 무엇보다, 배역과 연기에 대한 사랑이 필요하다. 온몸과 온 마음을 들여 헌신할 마음이 없다면 배우를 해서는 안 된다고 생각한다. 배우를 하려는 자신에게 아무런 의미가 없다. 꾸준한 성공과 명예는 다른 직업을 통하는 것이 훨씬 낫다.

└ 해럴드 거스킨 지음 '연기하지 않는 연기'- 리듬을 깨라 p123

배우는 새 작품과 새 배역을 연기할 때마다 시험대에 오른다. 어제의 성공이 내일의 성공을 보장해주지 않는다. 다만, 자신의 배역을 액션 함으로써, 배역의 본질을 펼쳐낸 배우는 그다음 기회도 또 다음 기회도 새로운 배역의 본질을 탐구해서 살아낼 거라는 기대를 갖게 한다.

🎞 자신의 배역들을 사랑 하자

자신의 배역들을 사랑한다는 것은 자신을 사랑한다와 같은 의미이다. 우리가 실로 다양한 역할을 수행하며 인생을 살아가는 것과 같이 모두 '나'이지만 엄밀히 따지면 모두 '다른 나'이다.

나는 이 세상에 태어나 첫 번째로 부모님의 셋째 딸 역을 맡았다. 남동생의 누나, 언니들의 동생, 손녀, 조카, 초등학생, 중학생, 고등학생, 친구, 연극부 학생, 오락부장, 응원단장, 봉고장, 사춘기소녀, 여자친구, 짝사랑여, 대학생, 선배, 후배, 연극배우, 탤런트, 애인, 오디션참가자, 소개팅여, 자취생, 친한언니, 친한동생, 술친구, 동네친구, 클럽여, 연기선생님, 알바, 동료, 손님, 신부, 아내, 엄마, 며느리, 동서, 새언니, 제수씨, 이모, 고모, 처제, 작은엄마, 리더, 대표, 작가역, 앞으로 갖게 될 수많은 역할들을 사랑하자.

어느 하나로 나를 규정하고 고집할 수 없다. 그때그때, 역할에 최선을 다해 반응하며, 자기 자신에게 떳떳하게 살면 된다.

극에서는 주인공 조연 단역으로 나뉘지만, 인생에서는 모두가 나로 귀결된다. 나 자신을 알고 나에게 좋은 선택을 하고 올바르게 행동을 하며 살아가는데, 이 수많은 역할은 무슨 의미인가? 어떤 역으로 나는 마칠 것인가?

만천하에 공개되지 않는 또 다른 나라는 배역을 사랑해줄 유일한 관객이 자기 자신이 되어야 한다. 수많은 역할을 바꿔가며 살고 성장하는 나라는 배역을 사랑하지 않을 수 없다. 그것이 브라보 마이 라이프인 것이다.

5단계:
실시간 피드백하고
개선하라
_ 피드백

자신은 '자신'이란 작품을 배우시점, 연출가적 시점, 작가적 시점으로 볼 수 있을 것이다. 배우시점에서는 살아가는 방식을 눈여겨 본다. 연출가적 시점에서는 생활의 조화와 균형을 살펴 볼 것이다. 작가적 시점에서는 가치관과 의미를 따져 내일을 사는 방향을 주고 싶을 것이다.

자신의 퍼포먼스에 피드백을 주고 도와줄 조력자도 안에 가지고 있을 것이다. 또 하나 중요한 사실은, 당신은 자신이라는 작품의 언제나 함께하는 관객인 것이다. 조력자와 관객의 존재를 인식하면 우리는 보다 힘차게 살아갈 수 있다.

🎬 세상을 껴안는 피드백

관객의 시점으로 보면 전체가 보인다. 살면서(무대 위)는 전체를 보기 어려울 때가 많다. 나에게 빠져서 주변은 자세히 못 본다. 무대 아래 객석에서 전체를 보면 '역지사지'가 절로 된다. 이해가 안 될게 없고, 안 아픈 손가락이 없다.

무대 위(살면서)에서는 눈앞에 닥친 일들을 해결하느라 정신이 없다. 다른 사람은 제쳐지고, 내 감정만 앞세우게 된다. 그러기에 이쪽(객석)에서 그쪽(무대 위)으로 피드백을 줄 때는 전체를 볼 수 있는 피드백을 줘야한다.

배우는 연기하면서도 관객의 시선을 챙기고 있어야 한다. 관객을 위해 자신에게 진정한 피드백을 줘야 한다. 배우는 스스로를 넘어서려는 용기가 있어야한다.

장기 공연 중인 배우는 짜여진 연기를 수정하기 어렵다. 여러번 리허설을 통해 실험을 거쳐 무대 위 인물의 행동이 결정된다. 매 공연마다 반복되었다.

내가 잘하고 있나? 나의 선택은 애초에 옳았나? 왜 반응이 처음만 못하지? 진심이 점점 옅어지는 것 같은데, 등등의 갈등이 배우 안에서 일어난다. 이럴 때 수정을 원하게 되고, 피드백이 필요해진다.

해결책은 계속 탐험하는 것뿐이다. 그 과정에서 먼젓번 선택만큼 잘 통하는 게 없다면, 배우는 그 선택이 옳다는 걸 알게 된다. 시도해봤기에 알게 된 것이다. 거리낌 없이 그 선택으로 돌아오기 위해서는 일단 그 과정을 넘어 설 필요가 있다.

살면서 주변사람들의 시선을 의식하느라 정작 내안의 관객에겐 소홀해지고, 자기 조력자의 말을 듣기보다는 다른 사람의 성공사례와 비법들에 자신을 껴 맞추려 할 때가 있다.

그러나 진정 나를 살피고 진정 나를 응원하는 사람은 나 자신뿐이다. 다른 어떤 누구도 나만큼 알지 못한다. 나만큼 책임감도 갖지 않는다. 오로지 자신의 세상을 품어줄 사람은 자신이다.

자신에게 피드백을 줄때는 자신이라는 작품 전체를 껴안는 피드백을 주자. 나의 관객인 내가 나의 배우인 나에게 주는 피드백은 실시간으로 가능하다. 바로 개선이 가능하다.

배우는 한 배역을 책임지고 연기하면 그뿐인 게 아니다. 배우는 인간의 삶과 본질을 파악하는 사람이다. 진정으로 인간을 이해하려면, 인간 존재의 표면에 가려져 있는 인간의 본질이 무엇인지 파악해내야 한다.

▦ 싸움의 정석

'임금님 귀는 당나귀 귀다.'라고 외쳐야 하는 세상에 살고 있다. SNS에 자기의 많은 것을 올리는데, 상처나 아픔을 알릴 곳은 그 어디에도 없다. 심각해지면 안 되는 세상인 듯하다.

목소리가 조금만 커져도 눈이 동그래져 외계인 보듯 바라본다. 감정표현을 하며 자유롭게 살자고 세상에 말하고 싶다. 중요한 것은 인간에 대한 존중을 가지고 있느냐 인데, 그것이 순간 남의 눈으로 결정되는 것인지 묻고 싶다.

한 번뿐인 삶이니 조심하고 안전하게 살다가 싸움도, 욕할 일도 없이, 얌전하게, 안전하게, 아무 일도 일어나지 않기를 바라며 하루하루를 보내고 싶은 거냐고 묻고 싶다.

순간, 하고 싶은 말을 하지 못하고 순간, 하고 싶은 행동을 하지 못하고, 좋은 모습만 보여야 하는 것이 인간의 삶인 것인지 개탄스럽다. 순간에 선택 할 수 있는 자유를 억압대신에 가지고 결과에 책임을 지었으면 한다.

왜 싸우는 것이고, 싸움을 대처하는 방식은 무엇인가? 잘 싸우기 위해 실험도 하고 개선방향도 찾아보자. 그래서 싸움의 정석은 필자가 만든 엑서사이즈이다.

1. 싸움의 정석

우리 안에 싸우려는 마음이 있다. "우리는 다 싸우려는 마음을 갖고 있다." "우리는 무엇을 위해서 싸우는가?" 분명 싸우고 싶어서 싸우는 것은 아니다. 이 싸움을 종식시키기 위해서 싸운다. <u>자신이 원하는 방식으로 싸움이 종결되게 하려고 극렬해지는 감정상태가 싸우려는 마음이다.</u>

■ 진행 순서

ⓞ 전제는, 우리 안에 모든 이야기가 있다.

① 자신이 '싸우려는 마음'을 간접(목격), 직접경험 한 장면을 선

택해서 발표한다.

② 자신은 작가가 돼, 구성원 중에서 장면에 나오는 캐릭터들 (자신캐릭터 포함)을 어울리는 사람으로 캐스팅한다. 작가는 극 진행을 한다.

③ 작가는 캐스트(cast)들에게, '지금 이 순간에 여기 일어나고 있는 일들'과 캐스트들이 '서로 어떤 계기로 만나있는지'를 설명한다.

④ 작가는 '인물 개개인의 두드러진 성격'과 이곳에 '존재할 구실'을 한사람, 한사람에게 준다.

⑤ 캐스트들은 이해가 완료되면 즉흥극을 시작한다.

⑥ 즉흥극이 진행될 때 작가는 극을 잠시 hold하고 들어가서, 모든 인물이 자신이 원하는 방식으로 즉흥극이 종결될 수 있게 공정하게 응원해 준다.

⑦ 자, 자신이 원하는 방식으로 싸움을 종결시킬 수 있다.

Key는 자기를 자기가 연기하지 않고 다른 사람에게 자신을 연기하게 맡긴다. 자신은 자신을 바라보게 된다.

경험을 공유할 때 구구절절 설명할 필요는 없다. 아무리 자세히 설명해도 똑같을 수 없으니 믿어야 한다. 우리 안에 비슷한 경험들이 있을 것이라고 생각하고 직감적으로 캐스팅을 하면 된다.

가령 생활에서 나와 엄마 사이의 끊임없는 싸움이 주제다. 이게 극이라면, 나는 이 싸움을 종식시켜야 된다. 그러기위해 행동의 선택을 하게 된다.

여기서, 일반 삶과 극의 차이가 난다. 일반 삶도 싸우려는 마음과 종식시키려는 것까지는 같다. 그런데 일반 삶은 계속 싸우기 위해 싸우는 것만 같다. 싸움을 끝내려 안하고 똑같은 말 또 하고 또 하고를 반복한다.

그런데 극은 어떤가? 작가가 그걸 종식시켜버린다. 그래서 배우들은 그 능력을 키워야 한다. 싸움을 종식시키는 배우의 전술구사(울고, 화내고, 큰소리치고 등등) 능력이 있어야한다. 배역이 원하는 방향으로 싸움을 종식시켜야 하기 때문이다.

싸움뿐 아니라 자기 삶의 한 부분을 다른 사람이 살게 하고, 자신은 작가로서 전체를 본다. 그러면 공정하게 설명하기위해 상대방(엄마역)을 볼 수밖에 없다. 예를 들어, "엄마도 잘해보고 싶었는데 나를 보니까 이렇게 되더라." "엄마가 싸움이 종식되기를 원하는 방향은 이거다" 되도록 객관적으로 설명해주고 공평하게 응원해줘야 엄마역을 연기하는 배우도 해낼 수 있다. 그러면서 이전에는 어려웠던 상대의 싸우려는 마음도 수용하게 된다.

🎞 실시간 피드백하고 다시 살아보자

위의 0~7단계 이후, 다음 스텝으로 이어 진행한다.

⑧ 동료 배우들이 펼친 즉흥극을 촬영하거나 녹음파일을 만든다. 작가는 이 파일을 토대로 대본을 창작한다. 이때, 작가는 자신의 이야기에 자신의 hope을 담아 장면을 완성한다.

⑨ 이번에는 작가가 자신의 역할로 참여한다. 극 안으로 자신이 완성한 대본을 가지고 들어간다. 자기는 자신의 역을 다른 동일한 캐스트들과 대본 리딩한다.

⑩ 대사를 암기하고 리허설을 거쳐, 장면을 연기한다.

처음에 캐스팅되고, 어떻게 해야 할지 몰랐다가도 어느새 "내안에 다 있다" "나는 존재 할 구실이 있다" 서로다 말하지 않아도 통하는 것은, "우리는 동시대를 살고 있다."의 발견이다.

연기하기 전에 마음먹기가, 작정하기가 어렵다. 그렇다. 연기는 작정을 하는 거다. 내 동료의 '싸우려는 마음'에 내가 마음을 먹어야 한다. 내가 이야기에 반응하고, 연기하기로 작정하면, 거기에 어떤 연기법이라든지 다른 어떤 기술이 필요하지 않다.

'그곳에 내가 있었구나, 그곳에 네가 있었구나.' 이야기에 등장하는 모든 인물은 모두다 목표(자신이 원하는 방식으로 싸움을 종식시키려는 마음)를 가진다. 작가는 장면에 등장하는 인물(한 사람도 빠짐없이)에게 각자의 목표를 확인시켜줄 때, 새로운 사실을 발견하곤 한다.

과거에는 전체를 그리고 한명 한명을 모두 챙기며 살지 못했다. 즉흥연기가 펼쳐지고 진행을 돕는 동안 작가로서, 그곳에서 생기는 자연스러운 마음은 '다시 살고 싶다' 이다.

다시 살 때에는 자신의 대본대로, 전체를 염두에 두고, 자신이 원하는 방식으로 싸움을 종결시킬 수 있다. 여기서 놀라운 것은 내가 잘 싸우면 상대로 잘 싸운다. 내가 싸우려는 마음에 성공하면 상대역도 성공하기가 쉽다. 우리는 그렇게 함께 뜨겁게 살아가는 중인 것이다.

자신의 경험에 피드백을 주고, 연기를 통해 배우로 들어가서, 다시 살아볼 수 있다. 언제나 나의 삶이 무대다. 나는 주인공이다. 우린, 언제나 다시 살 수 있다. 다시 살자. 그 순간 인생을 살아갈 힘이 생긴다고 믿는다.

📽️ 사랑의 연기술

사랑의 연기술의 시작은 연기학원에서 선생님을 할 때였다. 한 클래스에 일곱 여덟 명이 정원이고 두 시간 동안 학생들의 연기를 끌어올려 줘야 한다. 실력도 제각각이지만 수업에 임하는 자세도 제각각이다. 하지만 모두 같은 수업료를 냈고 선생님의 가르침을 받을 자격이 있다. 두 시간을 8명으로 나누면 한 명당 15분이다. 그 시간에 누구는 연기력을 향상

시켜주고, 누구에겐 조언과 잔소리를, 혹은 상담을, 각각 맞춰 진행했다.

연기하는 방법을 천편일률로 가르쳐서 개개인의 상황에 맞게 알아서 착착 흡수된다면 좋겠지만 그렇지 않다. 연기가 잘되는 감각과 원인, 안 되는 감각과 원인을 스스로 발견하고 해결하는 능력이 중요하기 때문이다. 이것이 되었을 때 노하우를 전수받아도 혼선이 생기지 않는다.

공평한 15분은, 관심과 사랑이었다. 연기를 잘 가르치고 잘하게 하는 것은, 충분한 지지에서 시작됨을 알고 있었다. 연기는 믿음으로 시작하고 믿음으로 끝난다. 인물에 대한 배우의 믿음이 관객으로 이어져 관객의 믿음으로 인물은 살아난다. 그래서 학생에게 믿음을 가르치는 것은 연기방법을 나누는 것 이상으로 중요하다.

수백 명의 배우 지망생 중에 기억에 남는 사람은 연기를 잘했던, 지금은 유명배우가 된 학생이 아니다. 연기를 경험하고 자기에게 자신감이 생기고 자기를 알아가고 자기에 대해 더 좋은 평가를 하는 모습들, 자기를 뛰어넘던 친구들이 생생히 기억난다. '연기한다'를 통해 누구나 가질 수 있는 것은 언제나 분명히 있었다. 그걸 짚어줄 수 있는 선생님을 하길 잘 했다고 생각한다.

사랑의 연기술을 만들게 된 배경에는, 자신을 억지로 열었을 때 심적으로 다치는 배우들을 목격하면서부터 시작하게 됐다. 연기를 잘해보겠다고, 초가삼간을 다 태우게 되는 연기술의 리스크를 최소화하고 싶었다. 연기보다 사람이 먼저다. 연기를 손해 보더라도 사람이 소중하다는 교훈을 크게 얻는 경험들이 있었다.

사랑의 연기술은 리액션부터다. 액션은 액션과 리액션으로 이루어져 있다. 액션이 대응이라면, 리액션은 반응이다. 반응부터 하며 대응을 하자는 필자의 주장이다. 연기가 시작될 때 내가 무엇을 하려고 하는(대응) 바로 앞에 나의 반응이 먼저다. 그렇다면 '연기를 한다' 보다 '연기가 된다'와 같이 수준이 다른 연기가 가능해진다.

K드라마센타에서는 '사랑의 리액션'을 배울 수 있다. 필자는 삶에서 시작이라고 생각되는 순간순간에 사랑의 리액션으로 시작하시기를 주장하고 있다. 첫 만남, 전화기에 신호음이 끝나고 통화 시작, 어느 장소에 들어설 때, 대화가 시작될

때, 촬영의 시작점 등등 사랑의 리액션으로 시작하면 상황을 자신에게 좋게 이어나갈 수 있다.

반응하면서 자신이 잘 대응할 수 있도록 인터벌(interval)을 허락하자. 인터벌을 미리 준비하고 계획해서 매력으로 보이게 한다. 다음에 올 당신의 액션에 힘을 실어 준다.

이렇듯 리액션으로 시작하면 이롭다. 사랑의 리액션으로 시작한다면 금상첨화다.

🎞 누구나 쉽게 따라 하는 연기수업 5단계를 마치며,

우린 모두 다 작가이고 연출가이고 배우이며 주인공인 자기 자신이다. 우리 삶이 드라마라면 나는 연기다. 연기가 주체이기 때문이다. 나는 나로 살아간다. 나는 연기로 나의 이야기를 만든다.

연기가 없다면, 작품(연극 영화 드라마)은 만들어 질 수 없다. 작품을 소비하고 있지만 여러분이 연기를 이해하면 작품을 창작할 수 있다. 달리 보면 여러분은 연기를 잘 이해하고 있다. 삶과 작품의 모양새가 데칼코마니처럼 똑같기 때문이다. 나와 똑같은 작품은 없는데?! 세상에 똑같은 사람이 없기 때문이다. 그러나 내가 만든 작품은, 내 아이가 나를 닮듯 아주 닮아있을 것이다.

　필자는 왜 연기를 하자고 외치는 것인가? 배우가 아닌데 왜 연기를 하자고 하는 것인가? 첫째는 연기를 매우 사랑해서이다. 둘째는, 우리는 연기를 매우 사랑하고 있다는 사실 때문이다. 셋째는, 우리는 주인공연기를 모두 할 수 있는 삶의 주인이라는 사실이다. 넷째는, 우리나라에서 좋은 작품이 많이 나오고 있다는 사실이다.

　적극적인 연기 활동을 하기에 좋은 때이다. 연기 역사가 100년이 넘었다. 명작은 지금 당신의 방에도 꽂혀있다. 또 지금 막 제작되는 영화와 드라마가 리모컨만 누르면 펼쳐진다. 필자는 한 단계 더 나아가 보자고 권하는 것이다.

　연기를 직접 해보자. 작품의 전체를 살펴보고, 처음부터 끝까지 자기의 목소리로 대사를 말하고, 안에 생기는 감정을 밖으로 자유롭게 내보자.

다른 삶을 연습으로 살아보면서 자신의 삶을 실전으로 잘 살 수 있기를 바란다. 실제로 연기술이 사는데 도움이 된다. 또 연기와 실제라는 거리감은, 자기 삶에서도 챙겨보시길 권한다. 나의 감정, 상황, 관계에도 거리를 두고 보자. 점점 자기를 알아가는 수단으로 재밌는 연기를 추천한다.

작품 속 주인공의 순간순간 앞에 배우가 서 있듯, 인생무대에서, 연기를 배우는 곳에서, 또 이 세상 모든 카메라 앞에서, 당신이라는 작품의 주인공인 당신의 모든 순간순간 앞에, 당당하게 서 있자.

연길 못할 사람은 없다. 문제는 잘하고 싶기 때문에 잘하기가 쉽지 않다. 그래서 잘하려고 하지 않으면 된다. 배우가 아닌데 잘 할 필요가 없다. 즐기면 된다. 잘하려고 안 하고 잘 가르쳐주는 곳에서 재미있게 하면 잘하게 된다.

연기가 연기라고 들통이 나면 NG가 난다. 우리가 보는 연기는 많은 사람들이 OK를 한 것이다. 우리의 연기는 어때야 할까? 스스로에게 OK 사인을 주는, 나의 연기 사랑의 연기를 하자.

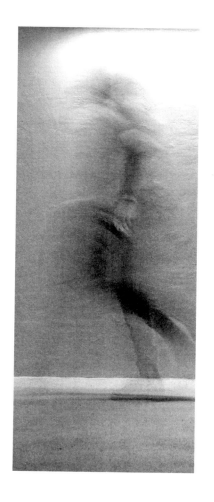

6장

미래 사회는
연기가 공통 언어다

당신도
'오징어게임'
연기할 수 있다

왜 전 세계는 넷플릭스 드라마 오징어게임에 열광하는가? 공감되기 때문이다. 한국에서만이 아니라, 미국, 유럽, 아시아 여러 나라에서 동시에 세상이 '오징어게임' 속과 같지 아니한가라고 말한다. 난생 처음 보는 게임들이 흥미로워 따라하다 보면, 게임의 룰이 어떤 삶의 방정식과 통하고 있음을 무의식중에 발견하게 돼서 일 것이다.

드라마에 등장하는 456명의 주인공 중에서 이정재 배우가 연기한 기훈 역에게 포커스를 둔 것은 작가의 선택이었다. 꼭 1등을 하고 끝까지 살아남아야 주인공이라는 편견을 버리면 모든 주인공이 보인다.

끝까지 살아남기 위해 게임을 하지만, 영원히 사는 사람은 없음을 우린 알고 있고 1번 할아버지가 보여준다. 우리도 456명 중에 하나일 수 있다. 참가자 중 몇 번에 초점을 맞추든 한 편의 영화가 탄생한다.

마지막 게임인 오징어게임에 456번, 218번을 남겨 놓았다. 한명은 치밀하게 분석해서 살아남았고 한 명은 어부지리로 살아남았다. 어부지리가 오징어게임으로 진검승부를 해 최후의 1인이 된다. 그러나 거기서 끝이 아니라 다시 게임 창조주 1번 할아버지와 조우해야 한다. 앞으로 456번은 456억 원을 가지고 어떻게 살아갈 것인가? 라는 궁금증을 안고 작품은 끝이 난다.

누구나 오징어게임 속 등장인물이 될 수 있다. 우리가 인지하고 있다면 우리 삶과 드라마 속 삶이 닮아있음을 알 수 있다. 만일 불가피하게 당신이 작품 속 삶에 존재한다면 어떠한 등장인물의 모습일 것인가? 자신은 어떤 함정에 취약한가? 자신은 어떤 순간을 피하고만 싶은가? 자신은 어떤 등장인물에 가장 감정이입이 되는가? 누가 가장 미운가? 누가 지금까지도 당신의 기억 속에 살아있는가?

작품 속 캐릭터들처럼 자신의 삶은 스스로의 선택이다. 책임도 모두 자신의 몫이다. 인생은 충분히 길고 반드시 유한하다. 이 세상 모든 작품은 말한다. '영원한 것은 없다' 애초에 당연한 진리로 여긴다면 굳이 말할 필요도 없을 말이다. 우리는 어떤 세상에서든 살아가고 우리는 어떤 세상도 연기 가능하다. 당신도 오징어 게임 연기 할 수 있다.

머리 위에 수많은 돈이 있다. 최후에 456억이 될 것이지만 이미 충분히 담겨있어 보인다. 그러나 불이 꺼지고 서로를 죽여 그 심벌을 키운다. 폭력성이 올라간다. 창조주가 분개해 소리칠 때까지. 그들은 맘껏 서로를 죽인다. 서로 힘을 보태서 그곳을 탈환할 생각은 하지 않는다. 역할이 나눠져 있기 때문일까? 아니다. 아직 최고 금액이 아니고 그 금액은 바로 옆 사람이 죽어야 만들어지기 때문이다.

그 돈은 최후의 1인이 되어야만 가질 수 있다는 명백한 사실이 있다. 예전 플롯에선 그전에 쿠데타가 일어난다. 현재 플롯에선 쿠데타는 금세 시들해지고 개개인에게 집중된다. 큰 산을 넘보느니, 희생자가 되거나 손해를 보느니 차라리 죽자는 마음이다. 그나마 정의의 편에 있는듯해도 호구로 그려진다. 1번은 왜 456번과 깜보를 하나? 결국 1번은 456번에게 무슨 의미인가?

'당신도 오징어게임 연기할 수 있다'로 돌아오자. 당신이 초록 트레이닝복을 입고 그곳에 번호표 달고 있으면 그대로 등장인물이 된다는 말이다. 어쩌면 우리는 연기 할 필요가 없다. 이미 명배우이고, 이미 연기하며 살고 있고, 이미 세상은 더할 나위 없이 드라마틱한 전개로 흘러간다.

살아남는 게 오늘의 목표라면, 최종목표는 456억을 챙겨서 이곳을 빠져나가는 것이다. 그곳은 천국인가? 지옥인가? 결국 456억으로 잘살 수 있을까? 로또 당첨금을 잘 사용하고 한평생을 잘 마무리했다는 말은 듣기가 어렵다.

이 플롯은 언제나 참으로 완성형이다. 너무도 삶과 밀착되어 가공하지 않으면 고스란히 무게가 짓누른다. 재미로 승화시켜야만 한다. 작품은 무조건 재미있어야 한다. 인생은 무조건 재미있어야 한다. 연기는 무조건 재미있어야 한다. 이것은 필자의 신조이다.

오일남　　　　보는 것이 하는 것보다 더 재미있을 수가 없지.

- 오징어게임 中 9화

모든 재미를 누리려 애쓴다. 그뿐이지 않은가? 재미밖에,

웃음밖에, 잠시나마 취하는 승리감밖에, 떨궈내야 살아지는 죄책감밖에, 결국 아무것도 없다는 것을 예감하는 것밖에. 인생은 즐길 시간도 부족하다는 말과 함께 마친다.

연기는
미래사회의 공통 언어다

아직 언어가 완전하지 않은 아이들을 살펴보면 신기하다. 아이들은 의사소통에 아무런 어려움을 못 느낀다. 어떻게든 말하고, 전달이 되었는지는 염려하지 않는다. 놀이를 할 때 특히 그러하다.

아이들은 0살부터, 1살, 2살, 3살, 말 못하는 아이들끼리 언제나 서로 소통한다. 서로 전혀 답답해하지 않는다. 한숨 쉬며 불통이라고 호소하는 어린아이들을 본적 없다. 때때로 욕망은 충돌해도 결코 의사소통엔 문제가 없다. 여기서 주의 깊게 살펴봐야할 대목이 있다.

과연 무엇으로 소통하는 것일까? 언어가 아닌 무엇으로 소통하는 것일까? 바로 연기의 본질적 기능을 쉽게 해버리는 아이들은 소통에 아무런 문제를 못 느낀다. 가끔 깜짝 놀랄 때가 있다. 아이가 장난감놀이에 빠져있는 모습을 볼 때이다.

느긋이 몰입해 하나하나 스스로 창조해내고 상상하며 놀이 중이다. 놀이에 집중된 아이는 신기하다. 장난감들과 함께하는 세상에 온몸으로 가담되어있다. 즐기고 있는 아이를 보게 된다. 필자는 잃어버린 능력이지만, 아이가 놀이 중임을 알고 있기에 흐뭇해 지켜보게 된다. 안전하고 충분히 의미 있는 활동이다.

가끔 난처한 일도 생긴다. 종종 바쁜 아침에 아이가 이런 말을 한다.
"장난감 가지고 놀고 싶어!"
"어린이집 가서 친구들하고 같이 장난감놀이하면 더 재미있잖아~"
"아니야! 집에서 놀고, 가서 친구들하고 놀고 싶어!"
아이한테는 다른 거다. 자기가 혼자 놀이하는 것과 친구들과 함께 놀이하는 것. 맘껏 자기 혼자 상상하며 장난감 놀이에 푹 빠지고 싶은 것이다.

이토록, 아이가 혼자하는 장난감놀이에 빠져 즐기고 있었구나 하고 놀랍고, 친구들과 함께하는 놀이와 차이가 있다는 것을 설명해줘서 알게 됐다. 혼자 하는 장난감 놀이시간을 존중해줘야 한다는 것을 깨달았다. 아이들의 장난감 놀이가 바로 어른들의 연기놀이라고 보면 된다.

연기가 미래사회의 공통 언어가 될 것이라는 필자의 주장을 뒷받침해주는 좋은 예이다. 현재 그리고 미래 사회는 결코 좋은 것을 발굴해내지 않을 리 없다. 초 연결시대에 소통의 창구가 필요한데 그것을 밑받침해줄 연기가 있다는 것을 모두 알아야한다.

통역기는 언어의 장벽을 넘게 할 것이고, 연기는 소통의 장벽을 넘게 할 것이다. 더 생생한 전달. 마치 같은 언어를 주고받고 있는 것과 같은 효과를 느끼게 할 것이다. 비로소 지구촌 모든 인간이 하나로 연결되어 즐겁게 사는 미래세상이 열리는 것이다.

이미 영화와 드라마로 인해 다른 문화권의 제스처에 익숙하다. 문화가 다르다는 것도 받아들였고, 흥미롭게 서로를 바라보고 있다. 여기에 모든 사람이 연기를 생활화해 상상력과 표현력을 고양시킨다면 연기로 공통된 언어를 갖는 것은 시간문제다.

앞장에서 우리는 캐릭터친구를 만나는 방법을 알았다. 무대 위 카메라 앞에서 만이 아니라 배움의 연기 안에서도 충분히 일어날 수 있는 경험이다. 연기를 통해 과거에 자기를 만나거나, 미래의 자기를 만나거나, 혹은 다른 사람을 만나거나, 누구든 만나게 된다.

이제 지구에 있는 모든 사람이 친구라는 인식을 가질 수 있는 기회다. 연기가 충분히 서포트 할 수 있다. 메타버스의 세상에서 제대로 놀아보자. 연기를 하면 할수록 함께 즐길 수 있다.

다만 어릴 적에 가졌던 이 감각을 다시 깨우는 노력은 필수적이다. 갇힌 상상력을 이제 학교와 가정에서 그리고 센터에서 부활 시켜나가야 한다. 현대인의 문제도 해결해 주고, 미래인이 되어 갈 준비로 연기를 선택하길 바란다.

효과적인 전달은 방법이 있다. 상대와의 연결을 강화하는 방법도 있다. 매체에 대한 이해를 해야 그 안에서 편안해진다. 이야기를 펼치는 능력은 이제 모두에게 중요하다. 세상은 완전한 퍼포먼스를 원한다. 실험정신과 수행력은 필수불가결하다.

이것은 연기만이 모두 해낼 수 있다. 전 세계의 공통 언어 "연기를 한다"는 것은 배우만의 작업이 아니라는 것을 알린다.

연기력이 결합하면
성공한다

연기를 통해, 자신을 오픈하고, 상대방과 연결되어 자신의 액션을 바라보고, 선택해 나아갈 수 있다. 스스로에게 피드백을 주고 순간순간 수정해 나아간다. 자기 인생의 시나리오를 주체적으로 써내려간다. 누구나 쉽게 따라하는 연기술을 알게 됐다. 그럼 이제 실제 삶에 어떤 식으로 적용이 되는지 풀어보자.

- **자신의 감정**(특히 분노와 성적욕망)**을 억누를 때:**
  연기는 인물의 감정을 배우가 이해하고 받아들여 상대를 향해 행동으로 이어지게 된다. 배우가 인물의 감정을 파악할 때, 자신이 느끼고 있는 것이 무엇인지 인지하고 행동을 선택한다.

이런 훈련에 익숙해지면, 감정에 휩싸여 어리석은 짓을 하게 될 가능성이 줄어든다. 미리 감정을 연구하고, 경험해 보기가 가능하다. 그것들을 말로 온몸으로 표현해봄으로 감정에 대한 준비가 된다.

· **다른 사람과 함께 있을 때**

그들이 당신을 어떻게 느끼도록 만들었는가가 당신이 그들을 어떻게 느끼느냐보다 중요하다. 행동(말, 몸짓)은 모두 상대를 향해서 행해진다.

대상(물)을 경험 중엔 어떠한 영향을 서로 주고받는다. 모든 연기술은 모두 상대를 어떻게 하고 싶은가에 중점을 두고 있다. 여기서 중요한 것은, 당신은 상대를 변화시킬 수 없고, 서로 영향을 주고받으며 경험하는 것뿐이다. 다만, 설득을 할 수 있느냐 없느냐.

· **삶을 열심히 살아갈 수 있는 에너지를 얻고 싶을 때:**

결심하고 행동하라. 당신만의 기준, 당신만의 것이 여야 한다. 남들이 어떻게 생각하느냐에 휘둘리면 진정한 결심에 방해받고 인위적인 행동을 하게 된다.

우리 모두는 정답감각을 가지고 있다. 자신의 행복도 자신만이 알 수 있다. 자신의 직감을 믿어라. 자신의 에너지를 잃게 만드는 사람을 찾아내서 그때그때 대처해야한다. 그 사람이 소중한 관계라면, 역할 바꾸기로 서로를 깊이 알아보자.

- **극적인 감정과 욕망에 휩싸일 때:**
  '피할 수 없다면 즐겨라'라는 말과 같이 감정과 욕망으로부터 자신을 지킬 수 있는 방법은, 그것들에 노출된 채 자신을 지켜보는 것이다.

연기로 모든 것이 가능하다. 안전하게 자신의 두려움과 맞서라. 모든 감정은 공평하다. 균형을 잃어버리지 않는 것이 중요하다. 당신은 완전하다. 다른 사람도 완전하다. 모든 것이 완전하다고 믿을 때 진실한 연기가 시작된다. 중심을 지키고, 당신을 뒤흔드는 외력이 있다면 맞서 싸워 물리쳐라.

- **당신의 모든 것을 줄 수 있는 사람이 존재할 때:**
  그들의 존재가 당신을 움직일 것이다. 연기에서 '사랑하는 사람'을 분명히 하는 것은 중요한 요소다. 비로소 다른 사람의 마음으로 세상을 바라볼 여지가 생긴다.

연기는 감정이입의 능력을 통해, 가능한 한 다양한 삶을 살아보려는 것이다. 배우는 연기를 통해 다른 사람들의 삶을 함께 살아간다.

연기의 목적은, 등장인물과 연기하는 사람의 공통적인 연대를 찾아내어, 다른 사람을 감정적으로 이해하려는 데 있다. 등장인물이 경험하고 있는 것과 똑같은 자신의 경험을 찾아냄으로써 다른 사람의 정신 속으로 들어갈 수 있다.

'싸움의 정석' 엑서사이즈를 경험한 사람들은 다음과 같이 말한다. "내 삶도 당신과 닮아있습니다. 똑같은 위기에 직면해 본 적이 있습니다. 당신의 감정은 부자연스러운 것이 아닙니다. 나도 같은 경험을 했기에 잘 압니다." 이와 같은 말을 연기로 전해주는 것이다.

위의 5가지 상황 속에서 연기력과 결합된다면, 당신은 반드시 성공한다. 자신을 믿고 자유롭게 퍼포먼스를 펼치게 되고, 당신은 힘 있게 살아가게 된다.

성공은 내가 다른 사람의 주목을 제대로 오래 지속적으로 받느냐에 따라 결정된다. 짧게 주목받고 시들해지는 경우는 많다. 그 뒤엔 다시 시작해야하는 문제가 남는다. 그러나 다시 시작하면 된다. 이미 출발선에서 한참 떠나왔다. 결승선이 보이지 않는다고 해도 뒤돌아보면 "이만큼이나 왔네." 하며 스스로를 독려해줄 필요가 있다.

연기력은 시간이 지남에 따라 추가가 되며 사라지진 않는다. 점차 연기력은 상승하고 삶의 지혜도 쌓인다. 주변에 사람이 더 모이고, 자기를 더 알게 된다. 그리고 실패의 경험은 나의 엔진에 활력을 불어넣어준다.

실패를 전혀 몰랐던 때와 실패를 제대로 알고 있는 지금을 인지해 보자. 실패경험자가 훨씬 단단하고 힘 있고 여유롭다. 연기는 이 사이사이에 존재감을 발휘한다. 세상에 겁 없던 때에서 인생의 쓴맛을 경험하고 나면 연기력은 자동으로 상승한다.

자신을 제대로 바라보기 시작한다. 수정해 나가고 싶은 충동을 느낀다. 연기는 연습이 되어주고 실험이 되어주며 다양한 방법들을 제시한다. 이제 성공할 때가 되었다고 스스로 믿는 순간 한 번도 본적 없는 에너지와 몰입이 형성된다. 성공에 대한 자신만의 관념이 바로 설 때 진정으로 성공한 사람

이 된다.[A]

A   셰익스피어가 가르쳐주는 세상을 사는 지혜- 조지 와인버그 · 다이앤 로우 지음, 참
    고서적

미래 사회는
감성 사회다

연기의 가장 큰 힘은 무엇인가? 연기는 지금 당장 행복하기이다. 행복을 미루지 말자. 바로 행복해지고 바로 불행해지고 바로 모두 가능하다. 연기는 매직이다.

단돈 100원에 판매했던 잡지를 지금도 기억하는 사람이 있다면, 1966년도 탄생한 '가요생활'이란 잡지가 떠오를지도 모른다. 이 신간잡지의 홍보 글이 눈에 들어온다. "호화로운 화보·다채로운 가사·새로운 노래 등으로

흥미 있게 엮어 연예생활을 손쉽게 할 수 있는 국내 유일한 잡지" 이와 같은 잡지를 시작으로 온 국민이 노래하는 시대가 열린다.

감성사회의 사전적 의미는 "경제 발전과 빠른 기술 혁신으로 물질적 풍요와 시간적 여유를 확보하고, 최첨단 기술을 바탕으로 인간과 자연이 공존하는 사회. 인간의 생존에 기초한 삶의 형태에서 벗어나, 생활에 기초하여 고차원적인 욕구 실현을 추구하는 사회이다."

온 국민이 연기하는 시대는 미래사회다. 노래방이 성황리 되던 20세기가 지나가고 21세기는 연기하는 공간이 곳곳에 생길 것이다. 그 바탕에 감성이 있다. 감성교류가 팽배한 현재, 우리에게 가장 필요한 것은 연기다.

연기는 생활에 기초하며 생활화, 개인화가 가능한 재미난 활동이다. 뿐만 아니라 고차원적인 욕구 실현을 추구한다. 연기는 가장 고차원적인 문화생활이다. 인간의 욕구가 중심소재다. 실현되는데 최선의 노력을 기울이는 실전적 활동이다.

미래사회는 연기생활을 통해 감성사회로 뻗어나간다. 현재 연기가 들어가지 않는 곳은 없다. 그러나 준비가 미흡했다. 언택트 사회에 연기의 중요성이 빛을 발할 기회다. 언택트 서비스로 인한 피로와 불안 등의 부작용을 날려줄 연기가 있다.

연기는 차근차근히 준비해 왔다. 연기는 노래만큼이나 친숙하다. 누구나 노래 부를 수 있듯이 누구나 연기할 수 있다. 은밀히 티 안 나게 하는 연기가 아니라 다른 사람과 연대하기 위한 연기를 해야 한다.

연기를 이제 언제 어디서나 감상할 수 있다. 연기를 위해 쓰여진 시나리오는 서점 어플에서 바로보기가 가능하다. 핸드폰 어플로 바로 자신과 맞는 연기선생님을 구할 수 있다. 고등학교의 정식교육과정 교과목에 '연극'이 있다. 특별활동, 동아리활동, 직장인 연극 등으로 작은 무대에 설 수 있다. 핸드폰으로 영화촬영과 편집까지 가능하다.

K드라마 센터는 국내최초 '일반인을 위한 연기수업'을 하는 곳이다. 현역배우가 현역배우의 연기훈련을 그대로 일반인을 위해 제공한다. 이 책을 여기까지 보셨다면, 왜 일반인이 연기를 배워야하며, 어떤 것을 배우게 될 것인지 궁금증은 풀렸을 것이다. 연기생활은 당신의 든든한 친구가 되어

줄 것이다.

드라마와 영화는 아주 가까운 여가생활이다. 여기에만 머물지 말고 연기생활을 통해 직접 캐릭터를 만나고, 연기하는 사람들과 우정을 나누고, 자기 자신과 친밀한 관계를 형성하자. 어린아이처럼 당연하게 실행하면 된다. 이 모든 순간순간 당신은 신선함을 느끼게 될 것이다. 새로운 친구를 얻게 될 것이다.

좋은 작품을 보면 영감을 받는다. 당신 안에 무언가 생긴 것이다. 그것이 거름이 될지 씨앗이 될지는 당신의 결심이다. 작품 감상을 통해 영감을 받아 무의식에 밑거름으로 언젠가 에너지를 위로 올려 보낼 수 있을 것이다. 그러나 연기를 생활화하면 바로 그 영감은 씨앗이 되어 당신 안에서 피어날 것이다.

좋은 연극이 무대 위에, 스크린 위에, 텔레비전에서 만나지기를 바라고만 있지 말자. 이미 고전부터 현대극까지 셀 수 없는 명작이 탄생되었다. 이제 당신 손에 당신 입에 햄릿이 살아 움직일 차례다. 수많은 변형을 일으킨 수많은 햄릿은 수많은 작품에 그리고 당신 안에 있다.

연기는 지금 당장 행복하기다. 연기를 시작하면 순차적으로 교류와 공감과 받아들임과 비워짐을 경험할 수 있다. 우리의 목적은 거기에 있다. 연기력을 키워 오디션에 합격하고 스타가 되려는 것이 아니다. 내 인생의 주인으로서 행복한 생활을 자신에게 선물해주는 것이다.

연기력이
곧 경쟁력이다

부모님이 돌아가셔도 무대 위에 서서 다양한 감정을 느끼며 연기를 해야 한다. 위험천만한 촬영장에서도 아무렇지 않은 듯 연기해야한다. 배우는 자기의 기분을 언제고 바꿀 수 있는 사람이여야 한다. 그것은 몰입으로 가능해진다. 순간의 몰입이 배우를 다른 세상으로 데려가 버린다. 기분은 따라 움직인다.

정해진 데로 움직인다면, 기계적으로 연기한다면 불가능할 일들이다. 달라진 기분이 바로 기계적 연기 위로 들어날 것이다. 그렇다면, 배우는 어떻게 훈련되어야 하는가를 이야기하려 한다.

배우는 매 순간 진실되어야 한다. 진실은 배우 자신의 감정에 진실한 것 그 이상의 진실이 존재한다. 그 속에 있어야 한다. 주어진 상황에 진실해야 한다.

배우의 부모님이 돌아가신 상황도, 그 순간을 사는 배우의 '주어진 상황'이다. 그러나 예상 밖에 주어진 배우의 상황임을 배우는 인지하고 있다. 작품 속 인물의 주어진 상황이 무대 위에 펼쳐진다. 배우의 내면엔 상중인 슬픔이 자리한다. 인물의 상황+배우의 상황이 함께 주어진 상황이 된다.

우리는 살면서도 이와 같은 공식에 놓일 때가 많다. 두 가지의 서로 다른 상황과 감정들이 나의 양팔을 잡고 양방향으로 끌어당기듯이 괴롭다. 어찌해야 좋을지 모르겠다. 어느 쪽에 집중을 해야 할지 차라리 누군가 결정을 해줬으면 싶을 만큼 이러지도 저러지도 못한다.

한쪽은 그냥 나다. 너무나 가깝고 친근하고 애달픈 나. 다른 한쪽은 사회나 다른 이가 바라고 있는 프로페셔널 한 나다. 둘 다 소중하다. 정말 둘 다 소중하다. 어느 한쪽을 선택해야 한다고 생각될 때, 바로 선택하지 마라. 그렇다고 선택을 못하고 망설이고만 있지도 마라. "yes and"라는 연기 엑서사이즈가 있다.

무조건 yes!라고 외치고, 그 상황을 온몸으로 받아들인다. 그 상태에서 (and then) 그 다음을, yes한 내가 주체가 되어 더한다. 그러면 상대는, 변화한 이 상황을 예스하고 앤 댄을 한다. 이렇게 순환한다. 이 엑서사이즈를 통해서 배울 수 있는 것은 다음과 같다.

첫째, Yes는 어렵다. 둘째, 예상, 예측은 불가능하다. 셋째, 어떻게 흘러갈지 모르는 이야기는, 살아있게 만든다. 넷째, 자신이 원하는 계획이 있다면 반드시 실패한다. 다섯째, 반드시 상대와 함께 상황은 돌파된다. 여섯째, 가장 관심을 끄는 순간은 and then을 해야 하는데…, 망설이고 있는 순간이다.

'Yes and 엑서사이즈'는 미국에서 실제로 많은 기업이나 기관에서 배우가 아닌 일반인을 위한 훈련으로 사랑받고 있다.

연기를 위한 엑서사이즈가 이렇게 바로 대중에게 선물되어져 효력을 발휘한다. 연기력을 향상함과 동시에 사회인으로서의 경쟁력을 갖게 되는 것이다. 전체를 보는 넓은 시야, 상황을 두루 고려하는 통찰, 상대와 깊은 소통, 자신의 감정에 대한 섬세한 인지, 거기에 처세술과 다양한 표현력은 사람을 빛나게 한다.

여섯 번째의 '자신을 비롯해 다른 사람의 관심을 집중시키는 순간', '이러지도 저러지도 못하는 순간' 이와 같은 순간은 가장 인간적인 순간들이다. 기계라면 가질 수 없는 가장 감정적으로 복잡한 상태가 우리가 가장 보고 싶어 하는 순간이다. 우리는 그렇게 살아가고 있기 때문이다.

필자는 연기를 할 때, 연기를 훈련할 때, 연기를 가르칠 때, 가장 최고의 가치는 행복이다. 뭔가가 쌓여서 기뻤으면 좋겠다. 나의 힘이 보태져 다른 이의 삶에 조금이나마 도움이 되고 기쁨이 되면 좋겠다. 그러기위해 나부터 행복한 길을 가야한다. 그래야만 가능하다. 그리고 하나 더 깨닫게 된 것은 바로 '지금부터'다.

기분을 바꾸고 싶을 때 어디든 무대가 된다. 아픈 유년시절로 기억되는 필자의 첫무대는 횡단보도였다. 울적한 기분으로 무거운 가방을 멘 초등학생의 등굣길에 횡단보도가 몇 개 있었다. 건너는데, 지금의 기분을 들키고 싶지 않았다.

누구에게? 건너편의 사람들과 차 안에서 횡단보도를 보고 있는 사람들. 그 순간 원하는 건 기분을 바꾸는 것이었다. 횡단보도를 건너면 나의 기분도 달라진다. 순간 발걸음이 바뀐다. 신호에 맞춰 가볍게 뛴다. 또 기분이 달라진다. 등굣길 횡단보도라는 무대 덕에 감정은 집에서 학교로 이어지지 않고 변한다. 이어져야할 이유가 없다.

8살의 내가 신호등 건너편에서 지금의 나에게 밝게 웃으며 다가온다.
이렇게?
이렇게?
이렇게?
응! 응, 응, 그렇게!
다, 괜찮아!

싸움의 정석 후기

■ 싸움의 정석의 처음을 함께해준
   창작공동체 '천우쾅' 멤버들의 후기.

💬 함께해준 배우 김무늬

지수언니를 통해 '싸움의 정석'을 할 수 있었다. 이것은 지
수언니가 고안해낸 엑서사이즈/즉흥 이었다. 먼저는 자신이
작가가 되어 이야기를 가져가야 했다. 이야기는 본인이 알고
있는 것이었다. 누군가는 상상으로 했을라나? 나는 경험을
바탕으로 했다.

내가 배우들에게 역할을 구체적으로 부여해줄 수 있었고,
배역간의 입장 차이를 만들어 줄 수 있었다. 입장차이로 인
해 갈등이 생겼고, 싸움이 일어났다. 그러나 각자가 이 싸움

을 자신이 원하는 방식으로 종결시켜야 한다고 방향을 지수 언니가 제시해 주었다.

나는 개인적으로 작가로써 상황을 바라보고 역할을 쥐어줄 때 더 동료들을 '볼 수 '있었다. 내가 말하는 '본다-'는 것은 그 어떤 판단과 프레임을 씌우지 않고, 존재하고 있는 대상 자체를 바라본다는 의미다. 분명히 '내가 아는 이야기'였음에도, '모두가 아는 이야기'가 된다는 것이 신기했다.

그것은 우리가 삶을 살아가며 보편적으로 느끼는 감정들이 '싸움' 속에 있기 때문인 듯 했다. 우리는 그 싸움을 통해서 나와 닮아 있는 서로를 발견했고, 치열하게, 목에 핏대를 세워가며 소리쳐댔다.

나는 싸움의 정석을 통해 내가 살아왔던 장면을 정확히 '목격'하고 있었다. 배우들은 살아있었다. 마치 내 세상 속에 있던 사람들처럼. 그리고 작가란 이렇게 자신과 타인의 삶을 목격하고 응시해야 한다는 걸 느꼈다.

그렇다면 배우의 역할일 땐 어땠을까. 개인적으로 나는, 계속해서 '왜 이 사람은 이렇게 말하지?'를 생각하게 되었다. 이것도 관심의 반응이라고 생각한다. 싸울 땐 정말정신을 똑바로 차리고 상대의 말을 잘 들어야 하고, 잘 봐야한다. 그 사람의 태도와 의도를 내가 원하는 방식으로 가져오기 위해 날이 서야한다. 칼을 쥐어야 했다.

식은땀이 나고, 마음이 답답하고 소리치고 싶었고 설득하고 싶고 비난하고 싶었다. 예측하지 못했던 감정들이 내 안에서 튀어나오고, 상대방의 눈빛 속에서 이글거리고 있었다.

지수언니는 싸움의 정석과 핑거태그를 통해 우리에게 말해줬다. "모든 등장인물은 칼을 들고 있다. 무기를 들고 있다(집중, 그곳에 존재할 구실) 끊임없이 칼을 들고 있어야한다. 바닥에 내려놓으면 안 된다. 같은 상황 속에서 배우들은 마치 같은 온도의 물에 몸을 담구고 있는 것과 같다." 라고.

연기는 유기적인 것이고 모두의 책임이다. 한명도 멍-청 하게 서있어선 안 된다. 싸움의 정석 속에서 이 마음을 잊지 않으려 했다. 내가 아닌 그 이상의 것을 할 필요가 없었고, 힘을 주지 않아도 되었다. 내가 해야 할 바를 명확하게 알고 할 수 있었기 때문이다. '싸움'이라는 단어가 자칫 폭력적으로 비춰질 수 있겠으나, 싸움의 정석에서의 '싸움'은 삶을 살아가는 사람 사람마다의 강한 긍지를 발견하는 일이고, 누군가를 밟고 올라서는 것이 아닌 그 이상의 가치를 향해 달려가는 사람의 투지를 발견하게 하는 일이라고 말하고 싶다.

그래서 이 싸움의 정석 즉흥이 나와, 우리를 더 단단하게 잡아당기고 있었다고, 그래서 우리의 영향력은 더 강하게 빛나고 있었다고 나는 확신한다.

💬 함께해준 배우 성신영

싸움의 정석 엑서사이즈는 저 개인적으로는 일상에서의 싸움은 너무나 자연스럽고 충동적으로 일어나니까 뭐 때문에 그렇게 됐는지 잘 모르는데, 싸움의 정석을 하면서 왜 뭐 때문에 내가 그렇게 치열하게 싸웠는지 명확해졌다. 나에 대해서 상대에 대해서 알게 돼서 좋았다.

일상생활에서는 솔직히 치열하게 잘 안 싸우고 피해갈 때가 많잖아요. 엑서사이즈에서 한번 치열하게 싸워보면, 다 필요 없고 그냥 살아있는 느낌 들어요.

💬 함께해준 배우 김근환에게 질문과 대답 형식의 후기

Q. 싸움의 정석을 할 때, 네가 아픔을 오픈했었다고 생각해. 어떤 이유로 그렇게 할 수 있었니?

A. 일단 가장 먼저 그 장면이 생각이 났었어요. 아빠에 대한 가장 강렬한 기억이라 그런 걸지도 모르겠네요. 그러다보니 연기를 떠나서 오히려 아빠가 보고 싶어서, 떠올리고 싶어서 그렇게 했던 거 같아요. 지금 생각해보면요.

Q. 즉흥극을 보면서 어떤 느낌이었니?

A. 그때의 시간들이 정말 1초 단위로 생각이 났던 거 같아요. 아빠를 보고 싶어한 거지만 거기 있던 내가 저랬겠구나 혹은 저랬으면 더 나았을까가 더 보였어요. 제가 저한테 동정을 느꼈어요. 그러다 아빠가 다시 보였고 아빠가 너무 불쌍했어요. 역시 아빠가 보고 싶었던 거 같아요. 하얀 눈이 내렸음 했어요. 거기서 나중엔 다 같이 화목하고 행복한 모습을 보고 싶었습니다. 연극에서.

그리고 그렇게 연기해준 배우들에게 너무나 감사했고, 저를 연기해준 건휘형이 도중에 진심을 다해 울었을 때, 정말.큰 이걸 힐링이라고 해야하나..아님 너도 슬프지? 나만 슬픈 게 아니지? 란 안도의 마음이 였는지는 모호한 경계선이였던 것 같습니다. 그리고 동생이 정말... 물론 신영누나라는 누나였지만, 동생이 무럭무럭 잘 컸으면, 트라우마로 안 남았으면 하는 마음이 계속 생겼었습니다.

Q. 대본작업을 하게 했을 때, 누난 좀 의식이 됐어. 너의 상처를 건드리고 약도 못 발라준채, 상처를 더 깊이 내게 하는 건 아닐까 싶어서…. 근데 기억이 나는데, 네가 대본작업을 하기 위해 장면을 다시 보니 너무 웃겼다고 표현했었어. 정말 그랬니?

A. 물론 눈물들이 흐를 때는 조금 먹먹한 느낌이 들기도 했지만, 재밌었다고 표현한 이유는 아무래도 배우들은 저와 아빠가 아니니까요. 영상으로 보니 완전히 다른 사람들이었습니다. 귀엽고 고마웠습니다. 연기로 보였습니다. 하나의 다른 이야기로 느껴졌어요. 오히려 그 감

정에서 빠져나와 좀 즐길 수 있었습니다. 민망함도 있었고. 하지만 그 추억을 생각하면 아직까지도 아프긴 하더라구요. 그렇다고 상처가 깊어지고 아물고 그런 개념이 아니라 다시금 그때의 기억이 더 생생히 떠오르고. 즉 흥극으로 하여금 아빠에게 미안했던 마음들이 좀 해소가 됐던 거 같아요. 아직도 미안하긴 하지만. 그 추억은 영원히 그 상태일 거 같아요. 오히려 그 기억을 지우고 싶진 않습니다.

Q. 다시 창작한 대본, 산타할아버지가 나오는 대본을 보고, 회피를 하고 있다고 판단했었어. 판타지로 가는 이유가 있었을까??

A. 저도 모르는 사이 회피를 할 수도 있겠지만(저는 사실 진짜 마음을 모를 수도) 저는 그 산타할아버지로 하여금 아빠가 그리고 우리 가족이 웃었으면 좋겠습니다.

그런 아픔들 다 잊고 활짝 웃었음 했습니다. 영원히 그 장면은 저에게 있겠지만 산타로 하여금 배우들이 웃는 모습을 보고 싶었습니다. 아빠가 웃는 모습을요. 왜냐면 그 장면 말고도 가족끼리 환하게 웃은 기억도 정말 많거든요! 근데 웃은 기억도 추억하면 그땐 그랬지 하고 씁쓸하고 슬픈 기억도 추억하면 그랬구나 하며 또 씁쓸합니다. 왜냐면 지금은 그 대상이 없으니까요. 판타지라고 저는 생각해 본적이 없었고…. 단지 가족들이 웃는 모습을 보고 싶었을 뿐이었던 거 같아요.

Q. 나의 남편 역으로 다시 살아보기를 했을 때, 너의 반응에 정말 놀랐어. 네가 정말로 너가 원하는 방식으로 싸움을 종결하고 있다고 느끼고 그렇게 연기했다는 것에 많이 놀랐어. 그건 뭔가 큰 남자여야 했거든. 이 상황을 다 안을 수 있는 사람. 그런 사람의 자세로 내가 썼어. 그걸 너가 연기했는데. 그게 진심으로 가능했다는 것이 놀라웠어. 그리고 영상으로 다시 봤을 때 너의 말이 믿겼었어. 그때 연기할 때 어땠는지 혹시 자세히 적어줄 수 있을까? 아직 젊어서 아마도 진심으로 그렇게 살기 어려웠을 거란 역시 판단으로 궁금함이 생겨서 묻게 된다.

A. 누나의 말씀대로 오히려 연기니까 혹은 진짜로 내가 심

각한 상황이라 인지를 못했으니까 그렇게 연기가 가능할 수도 있겠다 생각이 들었습니다. 그때 당시에는 그냥 사랑 하나만 봤습니다. 충분히 저도 누나를 사랑할 수 있으니까요. 그리고 평소의 사람마음을 잘 꺼내게 해주는 누나시구요. 그렇게 생각하다보니 이 여자가 가져온 그 문제는 저에겐 그다지 큰 문제가 아니더라구요. 제가 이해할 수 있었고, 제가 뒤로 물러설 수 있었던 것 같습니다. 문제를 해결한다는 느낌보다는 이 여자랑 그런 얘기를 하는 순간도 행복하다? 그런 표정을 짓고 있는 누나가 귀여웠고 손해 이득 이런 개념은 정말 하나도 생각안한 거 같습니다. 큰 결심을 한 이 여자가 좋았고 결혼하고 싶었습니다. 이기고 지는 문제는 생각이 안 들더라구요!

■ <싸움의 정석> K-드라마센타 1기 후기

처음 싸움의 정석을 한다고 했을 때, 생소하고 낯설었다.

일상생활에서 누군가와 대립 되었던 상황을 생각해야 했다. 회사 상사와 대립 됐던 상황을 가져갔다. 같이 수업을 듣는 분들한테 역할을 정해줬다. 그 상황 속에서 연기하시는 분들을 보면서 처음에는 대리 만족했다. 그분들의 연기에 빠져 지켜봤다.

내 역할을 했던 분이 많이 열 받으셨겠다라고 속으로 생각했다.

"회사에서 내가 잘 참았구나."

누가 봐도 상사의 잘못이 크다는 것을 알 수 있었다. 하지만, 상사의 입장도 어느 정도 이해할 수 있는 시간이었다.

싸움의 정석을 하고 회사에서 그 상사를 대하는 태도가 달라졌다. 회의하면서 그분이 하는 말에 동요되지 않는 나를 발견할 수 있었다. 내가 이루고자 하는 목표에 더 집중하게 되고 회의 상황을 더 객관적으로 바라보고 있는 것이었다. 놀라웠다.

다른 분들이 연기했던 영상을 바탕으로 시나리오를 만들어야 했다. 시나리오를 만들었다. 그다음 수업시간에 가져갔다. 이번에는 내가 그 상황에 들어가서 내 역할을 했다. 시간을 거꾸로 돌린 느낌이었다. 그 상황 속에서 내 역할을 하면서, 내 감정을 살펴볼 수 있는 여유가 있었다. 누구나 한 번쯤은 시간을 돌리고 싶다고 생각한다. 연기로 그것이 가능하다.

싸움의 정석을 통해 배우고 느낀 점이 많다.

1. 대립 상황을 객관적으로 바라보게 된다.
2. 대립 되었던 분과 일을 할 때, 감정에 덜 휘둘리게 된다.
3. 나를 객관적으로 바라보게 된다.
4. 어떤 상황 속에서도 목표를 향해 달려가는 힘이 더 생긴다.
5. 상대 입장을 더 이해하게 된다.
6. 누군가에게 내 의견을 더 자유롭게 표현할 수 있다.
7. 우리 인생은 대립의 연속이라는 것을 깨닫는다. 다만, 그것을 대하는 태도는 나한테 달려있다는 것을 알게 된다.

기회가 된다면, 다른 상황 속 시나리오를 가지고 싸움의 정석을 해보고 싶다. 이런 기회를 주신 연기 클래스 작가님 그리고 K-DRAMA 1기 동기분들께 감사하다는 말을 전하고 싶다.